孙云晓
教育作品集

教育的魅力在生活

孙云晓/著

江蘇鳳凰教育出版社
Phoenix Education Publishing, Ltd

感谢您使用本书。您在使用本书时如有建议或发现质量问题，请联系我们。

【内容质量】电话：4008283622
【印装质量】电话：4008283610

图书在版编目（CIP）数据

教育的魅力在生活 / 孙云晓著 .—南京：江苏凤凰教育出版社，2023.5（2024.12 重印）
（孙云晓教育作品集）
ISBN 978-7-5743-0361-4

Ⅰ . ①教… Ⅱ . ①孙… Ⅲ . ①儿童教育 – 家庭教育
Ⅳ . ① G78

中国国家版本馆 CIP 数据核字（2023）第 078287 号

孙云晓教育作品集
书　　名　教育的魅力在生活
作　　者　孙云晓
责任编辑　俞　婷
出版发行　江苏凤凰教育出版社（南京市湖南路 1 号 A 楼　邮编 210009）
苏教网址　http：//www.1088.com.cn
照　　排　南京私书坊文化传播有限公司
印　　刷　南京顺和印刷有限责任公司（电话：025-83682876）
厂　　址　南京市江宁区麒麟街道天和路 78 号
开　　本　787 毫米 ×1092 毫米　1/16
印　　张　15.5
版　　次　2023 年 5 月第 1 版
　　　　　2024 年 12 月第 3 次印刷
书　　号　ISBN 978-7-5743-0361-4
定　　价　48.00 元
网店地址　http：//jsfhjycbs.tmall.com
公 众 号　苏教服务（微信号：jsfhjyfw）
邮购电话　025-85406265，025-85400774
盗版举报　025-83658579

苏教版图书若有印装错误可向出版社调换

序一

为新时代儿童塑造健康人格

成尚荣

孩子的发展永远牵动着我们的心。我们有欣喜，因为他们跟随时代，大踏步进步；我们也有不少的纠结与焦虑，因为家庭教育还没有根本性的改变。调查发现，中小学生的父母最关心孩子的学习成绩，而对品德教育较为忽视。由此可见，家庭教育的最大危机是价值困境带来的学习和发展危机，家庭教育必须走出知识化和学校化的误区，要在生活实践中教孩子学会做人，这样才能将立德树人根本任务落实在家庭里。我们需要一束光来照亮。《孙云晓教育作品集》发出的正是这一束光。儿童教育家孙云晓老师，以现代视角聚焦家庭教育，构建了新的家庭教育体系（以下简称为“体系”）。这一“体系”以培养新时代好儿童为核心使命，以塑造健康人格为理论内核，坚持“家庭教育就是生活教育”的主张，激发孩子的梦想，建立和完善动力机制。在丰富的生活实践体验中，给孩子以理性的爱，着力培养良好习惯，培育和发展学生核心素养。

一、孙云晓家庭教育体系的核心使命：培养新时代好儿童

儿童是“体系”的主语。孙云晓把目光聚焦在儿童发展的时代特点和中国经验上。在《文化反哺呼唤共同成长》书中有一篇专论——《从“鸟巢一代”

到“平视世界的一代”》。他说，“‘80后’被称为‘鸟巢一代’，因为‘80后’作为北京奥运会期间青年志愿者的主力军，让世界看到了全新的中国青年形象，成为激动人心的舆论焦点”；“‘鸟巢一代’正代替‘独一代’”，“他们有一种自信、一种乐观主义。你看不到愤世嫉俗，能感受到的是一种站起来勇往直前的精神，而这种精神将决定中国的未来”。“鸟巢一代”是新时代青少年儿童的象征，他们的精神是“强国有我”的时代宣言。他还指出，“‘鸟巢一代’本来就是优秀的一代人，而不是突然改好了或变好了”。是的，每个人都是从儿童走过来的，有什么样的儿童才会有什么样的青年，有什么样的“一代人”。孙云晓还引用了北京冬奥会一位工作人员的话：“我们的‘00后’一如百年来的中国青年，用辛勤付出传承薪火相传的红色基因，用实际行动彰显新时代中国青年磅礴坚韧的青春力量！”

“体系”的主语如此鲜明、灿烂，这是为党育人、为国育才使命的映射。家庭教育固然要为家庭培养好孩子，孩子要孝敬父母，为家庭增光添彩，但家庭与国家同呼吸共命运，孩子还是国家的孩子，要从为家育子走向为国育才。这样，家庭才能和学校一起担起育人的重任，培养比我们这一代更优秀的人才，中华民族才能“江山代有才人出”，中华民族复兴才指日可待。这是孙云晓“体系”之魂。

二、孙云晓家庭教育体系的理论内核：塑造健康人格

大凡教育体系一定有一个理论内核。人格塑造是“体系”的主题。孙云晓的著作《良好习惯缔造健康人格》尤为值得我们关注。他对人格作了全面而深入的研究，并以人格为核心，构建起家庭教育的理论框架。

其一，孙云晓对人格作了文献研究。人格是心理学中探讨完整个体与个体差异的一个领域，不同的学者对人格多有不同的阐释。在文献研究的基础上，孙云晓特别重视人格研究中占主导地位的“人格五因素模型”，该模型将人格分为情绪型、外向型、宜人型、开放型、谨慎型五个维度，并对每个维度的特征作了描述。他说：“‘人格五因素模型’充分说明了人格的复杂性。”

事实上，人格反映在人生活中的每个细节。因此，关注人格一定要关注儿童的生活，关注他们的行为，从中发现人格障碍，寻找人格塑造的密码。

其二，孙云晓对健康人格作了基本解释。关于健康人格，他列举了几位心理学家所研制的标准，比如，“具有健康人格的人是成熟的人，成熟的人有七条标准”；“具有健康人格的人是充分起作用的人”，特征有五个；“具有健康人格的人是具有创造力的人”……这些观点都不无道理，也很深刻，但难以操作。孙云晓认为，既然人格反映在生活细节中，那么，判断儿童是否有健康人格，要从生活中的问题出发进行考察。他和他的研究团队提出了 8 个问题：儿童能否专注于学习活动？儿童是否是学习活动中的活跃的参与者？儿童是否能够创造适合自己的有意义的生活？儿童是否对新的经验持有一种开放的态度？……这些问题其实是考察点、研究点，可触摸、可分析、可把握。在孙云晓的“体系”中，儿童发展，尤其是儿童的人格都体现在生活里，会以具体的行为表现出来。生活是儿童人格塑造的土壤，也是儿童人格的镜鉴。

其三，对中国学生健康人格作了调查和研究。在中国青少年研究中心工作期间，孙云晓曾经主持了“中国城市独生子女健康人格与教育”的课题研究。课题研究旨在通过调查摸清中国城市学生健康人格培育的现状，并厘清其与教育的关系，进而优化教育模式，培养学生的健康人格。孙云晓将研究成果整理成书，出版了《如何培养儿童的健康人格》。基于问题调查的研究，让健康人格具体起来、鲜活起来。可见，孙云晓“体系”的理论内核是有扎实基础的。

其四，明确提出“良好习惯缔造健康人格”的重要命题。这一命题是“体系”的核心观点。习惯养成是基础教育具有本质意义的命题，“习惯源自不断的重复。人的习惯似乎是在不知不觉的无意识中形成的，但这种无意识是一度在困境中以清醒的意识行事的结果”[①]。雅斯贝尔斯这一论断准确、

① 卡尔·雅斯贝尔斯 . 什么是教育［M］. 董可依，译 . 北京：生活·读书·新知三联书店，2021.

深刻。孙云晓将无意识转化为清醒的意识，在传统意义和现代理论研究相结合中，揭示了习惯养成的本质和境界，即缔造人格健康。这是价值的升华，是最终目的的澄明。毋庸置疑，这是理论上的重要进步。

人格关乎人们的整体发展，而且是整体发展的核心之所在。一言以蔽之，人格是“培养什么样人”的聚焦，人的一生都在塑造人格，让自己成为积极的生活者、意义的创造者。关于习惯与人格的关系，孙云晓从三个方面作了阐释：一者，“习惯是构成人格的基本成分”，不存在没有习惯的人格，人格只有在习惯养成中才不是虚空的；二者，“良好行为习惯的养成对儿童健康人格发展起着积极作用”，这是儿童发展的重要生长点，也是儿童可持续发展的动力源泉，习惯促进儿童人格的优化；三者，习惯向人格的转化具有关键期，儿童期正是转化的关键期，“在儿童时期培养良好习惯就是为健康人格奠定基础”。这些论述与雅斯贝尔斯关于教育“使习惯成为我们的第二自然，将赋予共同体以历史的基调与可靠的凝聚力”[①]的论述不谋而合。依我看，“第二自然”即人的自由，是人对自己的超越，这就是人格。人格不仅关乎个人，也关乎社会。以人格塑造为“体系”的理论内核，既是恰当的，又是科学的。这一理论内核将家庭教育推上了更高的价值境界，让家庭教育更加敞亮，更有深厚的意蕴。

三、孙云晓家庭教育体系的理论支柱：家庭教育的本质在于回归与创造美好的生活

生活是“体系”的主线。孙云晓在《教育的魅力在生活》专著中提出“家庭教育就是生活教育”，既是坚守，又是发展。教育本来就是生活。陶行知倡导生活教育，将杜威的“教育即生活”翻了半个筋斗，提出“生活即教育”；新教育创建者朱永新教授主张“过一种幸福而完整的生活”；

① 卡尔·雅斯贝尔斯．什么是教育［M］．董可依，译．北京：生活·读书·新知三联书店，2021.

怀特海指出，“教育只有一个总主题，那就是过五彩缤纷的生活”……关于教育生活的论述是有源头的，也是丰盈的。孙云晓钻研过这些理论，有深切的理解，提出“教育的魅力在生活”是可贵的坚守。坚守必定回归，而回归其实是在坚守中有新的想象和新的发现，回归也意味着进行时代的阐释和创造性转换。孙云晓怀着这样的认知，以他一贯的清醒的认知和深刻的洞察，对生活教育进行新的阐释，在价值观和方法论中都有新的进步。这些进步体现在家庭教育的要义上。

要义之一：“家庭教育就是家庭生活教育”。家庭原本是生活的场所，原本就是生活的组织，家庭几乎是生活的隐喻。但是，孙云晓尖锐指出家庭教育已出现“反生活的教育误导”。确实如此，在应试教育体制下，家庭生活正发生严重异化：“大量数据证明，目前许多家庭忽视家庭关系和幸福生活建设，家庭教育出现知识化和学校化的误区”“更多数据表明，父母和孩子沟通最多的是学习和学习成绩相关的事，孩子原本自然而丰富的家庭生活逐渐被作业、考试、辅导班侵占，家庭教育变为单一的知识教育”。“警惕反生活教育的误导”，是存在问题无情的揭露，更是郑重发出的警醒。“反生活教育”让家庭教育异化，也让家庭生活异化。家庭教育回到生活教育去，即回归家庭教育本真，回归教育本真与本质。

要义之二：好的生活才是好的家庭教育。“家庭教育指导服务要以生活教育为本。”家庭教育不仅要坚持生活教育，还要创造好的生活，创造好的家庭教育。为此，孙云晓指出了几个关键环节。一是生活教育需要营造良好的家庭关系。亲子同在，并不意味着有必然的良好关系；良好关系的建立需要沟通、协商、对话，家长要放下“教育者”的“谱”，尤其要摒弃“训诫者”的错误角色意识，这就需要理性的爱，并让“尊重先于爱”。二是家庭生活教育最重要的是品德教育。为此，家长首先要做有道德的人，并以道德的方式进行教育，要让“道德先于知识”，并让道德教育镶嵌在生活教育之中。从一个独特的角度上讲，好的家庭生活首先是道德生活。三是好的家庭教育要看家风。孙云晓说：“什么是家风？家风不是一阵风……

是一种稳定的并且本质性的文化倾向……它是一种价值观体现，也是一种道德习惯。”言之有理，也言之深刻。好的家风是文化上的进步，好的家庭是学生成长的文化摇篮、精神家园。四是好的家庭教育需要培养学生的生活技能。积极生活不只是一种理念和态度，也需要生活的本领，包括基本的生活技能。为此，孙云晓提出了五个途径，培养五种能力：“生活技能从教孩子做饭开始”，“培养孩子参与家庭管理的能力”，“培养理财技能，提升孩子的责任感”，“提升孩子的艺术审美能力”，“在家庭生活中增长生活智慧”。

要义之三：好的家庭教育需要家校社协同。家庭不是孤立的，家庭也不是与学校、社会分离的。孩子生活在一个完整的生活世界中，他们面对的是一个整体的世界图景。孩子本身是完整的，他们不仅要过家庭生活，大部分时间在学校中度过，他们与社会的关联越来越紧密，他们早已进入了社会生活。孙云晓持续研究、探索家校社共育的理念与思路。他指出了共育的三大误区：片面的成才观，“重智轻德”倾向明显，而德育又忽视生活实践的基础支撑；“重学校、轻家庭，重校内、轻校外”的倾向，家庭教育处于某种异化状态；忽视儿童的参与和评价，孩子的主体性薄弱甚至缺失。他说，“让儿童参与是共育的原则而不是选择”。为此，孙云晓关于共育的思路在于三个方面：一是确立了一个根本性原则：“家庭教育的方向绝对不是把家庭变成学校，而是要让家庭更像家庭”。二是确立了一个理念：“将儿童友好作为家校社共育的重要理念”。“要尊重儿童身心发展规律，倾听儿童心声”，“每一个家庭、学校和社区都应该以儿童友好为方向，并且引以为傲”。三是确立了一个目标：“家校社共育要激发儿童的创造力，培育创新人才”。所谓强大的父母，正是马克思所说的“拥有强大实践能力的人”。父母之强大，强在为儿童的创造性成长打下基础，激发并形成孩子的好奇心、想象力、探求欲，让兴趣、爱好和特长在家庭生活中就开始萌芽。

回归与创造美好生活，成了孙云晓家庭教育体系的理论支撑，生活场是家庭教育的主场，家庭教育在生活中才是实实在在的、具体有效的。

四、孙云晓家庭教育体系中的动力机制：“梦想是成长的发动机”

孙云晓有本专著——《梦想是成长的发动机》，写的是自己童年的梦想，从“梦起少年时”，回忆了自己50多年的成长经历。他的人生体悟是：“最好的教育绝对不是强迫孩子，而是以丰富多彩的体验激发孩子明确梦想与志向，依靠强大的内驱力养成良好的习惯。无论是什么样的路，从事何种工作，都需要养成阅读、写作和讲演三个习惯，越早养成，受益越多。”这番话既是孙云晓人生的自我小结，也是对家庭教育体系中儿童发展动力机制的凝练；既是关乎成人的，也是适用于儿童的。教育体系不是一个机械装置，而是一个极其具有鼓舞性的发展动力机制。这一动力机制犹如一堆熊熊燃烧的火焰，给人以温暖、力量与希望。孙云晓的研究再一次启发我们：任何教育改革改到深处必然是制度、机制的改革，家庭教育同样如此。好的家庭教育绝不是一个技术问题，更为重要的是对“道”的寻找与把握，儿童的梦想激发正是儿童发展之道——动力机制。这样的教育体系才触及关键，才会更有力度与厚度。

关于儿童梦想，在孙云晓家庭教育体系里作了十分精彩的阐述。其一，梦想的实质是学习志向。课程教学改革要以学习方式改革为重点，但任何学习方式一定和学习兴趣自然联系在一起，而学习兴趣会逐步发展成学习志向，形成学习动力。培养学习志向比学习方式变革更重要，没有学习志向的引导与鼓舞，学习方式变革可能会缺失方向感，也不可能持久与深入；学习志向也体现在学习过程中，当学习兴趣、学习志向附着在学习方式上时，儿童会在“渴望学习”的推动下努力学习。其二，梦想与想象联系在一起。好的家庭教育、有智慧的家长在于点燃孩子的想象力，以想象力赋予梦想的翅膀和力量，想象会带着梦想一起飞翔。其三，梦想的前提在于要为孩子提供丰富多彩的生活体验。生活体验既是以身体之的过程，更是让心参与，以心悟之的过程。孙云晓十分强调要给孩子自由支配的时间和多彩的游戏活动，只有解放学生才可能让孩子的梦想得到呵护，让他们得以在广阔的天地里“逍遥游”。

在激发梦想、完善动力机制方面，孙云晓的“体系”里突出了两个重要机制，并让机制勃发起来。一是理性的爱。孩子需要爱，但家长应该给予理性的爱，理性的爱与孩子的责任心相联系，只有爱而无责任感的培养，爱则是盲目的，甚或会变异为溺爱，溺爱是一支毒药；理性的爱与意志相联系，爱需要意志的支撑，面对挫折需要培养学生的坚韧之心，刻苦精神是爱的题中应有之义；爱与回应、反哺联系在一起，爱不是单向的，而是积极互动的。二是习惯培养。“没有习惯作为底蕴，我们的精神将寸步难行。”[①] 孙云晓再次将习惯养成提到一个新的高度，习惯其实是学习志向的外在标志，学习动力总是落实在行动，体现在习惯养成之中。

孙云晓家庭教育体系具有深深的扎根性。“体系”扎根在深厚的中华优秀文化的土壤中，透射出中华民族的伦理道德；扎根在新时代的教育改革中，映射着时代的要求和未来的走向；扎根在家庭教育实践中，揭示问题、变革实践，闪烁着家庭教育的新理念、新成果、新经验之光；深深扎根在儿童的生活中，为儿童发展代言，为儿童成长赋予能量。孙云晓在扎扎实实的生活中，用每一个超越，创造着儿童的美好未来。

成尚荣，江苏省教科院研究员，教育部基础教育课程改革指导组专家、中小学教材审查专家

① 马克思 . 马克思箴言 [M]. 汪培伦，编译 . 北京：中国长安出版社，2010.

序二

家庭生活教育要义

洪　明

家庭“是大自然的杰作之一”，是社会的基本细胞，也是人生的第一所学校，和谐幸福的家庭生活奠定人生健康成长的根基。构建覆盖城乡家庭教育指导体系，健全家校社协同育人机制是家庭教育工作的重中之重。指导家庭教育的根本要义是发现并遵循家庭教育的基本规律，让家庭教育回归到它应有的样子。与学校和社会相比，家庭教育的根本特征是生活教育，开展家庭教育指导的着力点是引领家长构建合理的家庭生活。

孙云晓老师是改革开放以来深耕于家庭教育事业并产生重大影响的资深家庭教育研究和实践专家，其新版的《孙云晓教育作品集》可谓恰逢其时。作者以独到的眼光、睿智的思考、丰富的案例、理性的分析，对家庭教育的生活属性、家庭生活教育的基本内涵与表现形式以及家庭教育指导进行了完整的阐释，是当下开展家庭教育研究、从事家庭教育指导重要的参考。新版的《孙云晓教育作品集》中，最具代表性的是《教育的魅力在生活》，我拜读之后获得以下几点重要启示。

第一，要引导家长充分认识到，家庭教育的根本特征是生活教育。相较而言，家庭教育有两个显著特征：一是“奠基的教育”。孩子从出生到入学前所受到的教育主要来自家庭，而这一时期是孩子成长的关键期，家庭教育奠定了学校教育的基础。二是“生活的教育”。生活就是为了生存、发展和提升生命质量而开展的各种活动，主要包括物质生活、精神生活、交往的生活。家庭是过日子的“组织”，过日子是生活的俗称，过上好日子就是家庭的目标，在过日子过程中让孩子获得成长，这是家庭教育应有的样子。尽管学校也要注重教育与生活的结合，但学校教育毕竟是以课程为基础兼顾生活，而家庭教育是真正的生活的教育，是“生活所原有，生活所自营，生活所必需的教育”（陶行知语）。购物是家庭生活，家庭购物活动会对孩子的消费观产生很大影响；穿衣打扮是家庭生活，家庭穿着风格会对孩子审美产生很大影响；待人接物是家庭生活，与什么人交往以及如何交往会影响孩子的价值取向和文明礼仪；休闲娱乐是家庭生活，家庭休闲方式会对孩子闲暇教育产生很大影响；家务劳动是家庭生活，家务劳动的分配会对孩子的劳动素质和责任意识产生很大影响。过什么样的日子就受到什么样的教育，这是家庭教育最大的特点。

第二，要引导家长深刻认识到，家庭教育问题的根源在于教育与生活的背离。首先，家庭不良的生活方式影响了孩子的健康成长，背离了教育的宗旨。每个家庭都会基于对生活的理解而形成不同的生活方式，生活方式的外在表现是生活的习惯，其背后支撑是生活的理念。尽管家庭生活方式有地域性和文化性，有一致性和多样性，但我们不得不承认，有的生活方式是健康的，有的生活方式是不健康的，如有的家庭喜欢抱怨、作息不规律、晚睡晚起、贪图享乐、过度消费、喜欢攀比、好逸恶劳等，这些属于不健康的生活方式；有的家庭生活是符合道德的，有的是不符合道德的，如有的家庭爱占小便宜、举止不文明、做人不诚实，甚至不遵纪守法，这些属于不道德的生活方式，自然会对孩子的道德观念形成产生不利影响。其次，不当的教育观、成才观导致教育背离了生活，影响到孩子的健康成长。这种现象极为普遍。当下许多家长依旧坚持应试教育那套做法，把教育等同于升学，过度追求孩子的学业成功，致使家庭教育呈现出高期待、高投入和高焦虑的“三高”现象。在错误观念的引导下，许多家长打着“教育”

的旗号，对孩子的时间进行了“精心”的安排，使得孩子整日忙于各种竞争性学习活动之中，严重挤压了生活的时间，割裂的生活与教育的关系，极易使孩子产生“空心病”和“厌学症”，不仅生活没搞好，最终学习也受到影响。

第三，要真正认识到，优良的家风才是生活教育的源头活水。从根本上说，家庭生活教育就是在合理的生活中引导孩子学会做人，这就需要优良的家风作为保障。家风是父母长辈身体力行并用于约束和规范家庭成员的作风和风范，其核心是价值观。这里面要注重三个关键环节：一是家长要在中华优秀传统家风的基础上，以社会主义核心价值观为指导，构建形成适合新时代需要的优良家风。二是传承家风的关键在于家长的身体力行和严格要求，应该用行动来践行价值观而不是光说不做。三是传承家风的根本是将家风融入到日常生活之中，要让价值观像空气一样无所不在。2014 年 2 月 24 日，中共中央政治局就培育和弘扬社会主义核心价值观、弘扬中华传统美德进行第十三次集体学习，习近平总书记在讲话中指出：“要注意把我们所提倡的与人们日常生活紧密联系起来，在落细、落小、落实上下功夫。”比如，和谐是传统文化核心理念之一，又是当今社会主义核心价值观的重要组成部分，讲和谐并不是要掩盖矛盾，而是要用“和”的方法正确对待矛盾与分歧，就是要在具体生活中能够换位思考、理性表达、善意沟通、平等交流，并把这种思想传递给孩子。再比如，家长应该明白每个人应该有自由，应该追求自由，但自由的内核是基于规律和规范，并不妨碍他人，是真理无禁区、思维讲理性、行动有方向的统一，对孩子既严格要求，又行有依归。

第四，要引导家长能够真正掌握以儿童生命成长逻辑设计美好教育生活的基本规律。许多人能够认识到以生活为本的重要性，但如何让教育回归到美好生活是一个难题。笔者认为，家庭生活教育设计的基本规律是坚持一个中心和两个原则。一个中心是指以儿童生命成长为中心；两个原则是坚持“有意思”的原则与“有意义”的原则，并保持二者相统一。一方面，家庭生活教育中的生活是儿童的生活，不是成人的，不能用成人的生活或者成人自认为正确的生活简单代替或等同于儿童的生活。这正如陶行知所说："要是儿童的生活才是儿童的教育，要从成人的残酷里把儿童解放出来。"一方面，以儿童生命成长为中心的儿童生活应满足儿童需要，符合儿童认知与情感规律，并随着儿童发展的不同阶段而有所变化。儿童早期阶段的生活主要是在父母的养育下的体验行为之中，3 岁以后主要体现在父母陪伴之下的各种游戏和探索行为之中，6 岁以后主要体现在父母和老师引导下的学习、实践和交往活动之中，12 岁以后主要体现在成人参与下的各种主体性活动之中。另一方面，儿童生活设计要符合"有意思"和"有意义"相统一的原则，也就是说，儿童的生活既要让孩子喜欢，又要符合教育目标。要做到这些，首先就要注重生活的多样性。生命的样态决定生活的样态，生命是多姿多彩的，生活也本应该是多姿多彩的，单调枯燥的生活是教育的大敌。其次要处理好他主与自主的关系。要坚持先他主再自主，他主时尊重儿童真实意愿，自主时家长要起到参谋和把关作用。最后要处理好学与玩的关系。一般来说，学龄前的儿童玩就是学，学在玩中；到了小学低年级，学与玩要并重；到了小学高年级以后，应该以学为主，会学会玩。

家庭是生活的"组织"，生活是家庭教育的载体，读懂生活就读懂了家庭教育，学会构建合理而美好的生活，就找到了家庭教育的密码。真正的家庭教育就是要基于对美好生活的向往，学会生活、反思生活、重构生活，如此往复，从而营造完满的人生，成为生活的主人。这是新版的《孙云晓教育作品集》传递给我们的教育信息。

是为序。

洪明，中国青少年研究中心研究员、中国青少年研究会副秘书长

序三

一位跨世纪新教育的忠实守望者

陆士桢

在世纪之交中国教育观念和思想的改革进程中，孙云晓无疑是一位领军人物。从20世纪90年代推动的“夏令营中的较量”大讨论，到21世纪初关于培养孩子习惯养成的奔走呼喊，从“分数是学生隐私”的评判，到“家长应该称父母”的提议，孙云晓关于当代教育的话题常常引起社会强烈的反响，也震撼着众多父母和教育者的心灵。

孙云晓以一名作家的敏锐，加之青少年理论工作者的深邃，更有对青少年那种理性的、透彻的爱，在对当代青少年生存、学习、发展环境及状况深入观察思考的基础上，提出了一系列关于青少年权利价值及当代教育思想观念的精辟观点，尖锐、强烈地批判了现存教育在观念、体制、方法等方面与时代发展相背离的误区与弊病。孙云晓的一系列教育作品，是他对当代教育，特别是家庭教育的真诚、系统的建议，也是他教育思想的理论总结和阐述。

阅读孙云晓的教育作品，我们可以深切地感受到作者对青少年儿童的信任和关爱，感受到他对当代教育深深的忧虑和反思，更能领悟其理论上的深刻及其独有的思想魅力。

首先，孙云晓的教育思想具有深刻的批判性。批判是创新的基础和前提，也是一切有价值的思想理论的共同特征，是一种理论的力量所在。孙云晓关于中日孩子夏令营的思考和呐喊，给了国人以“孩子的教育与综合国力”间重要关联的警醒和深思；孙云晓关于孩子与父母之间位置、关系，乃至称呼等全方位的、多次反复的思考，让更多的国人更急迫地从儿童权利的视角去审视亲子关系，去反思在教育过程中自身的态度和方式；孙云晓率中国青少年研究中心研究人员进行的关于中国少年儿童学习压力、身心健康、同伴关系等生存状态的多项调查，提醒国人重视孩子现实生活中的实际状况，并从儿童健康发展的基础条件角度，进一步认识目前教育中存在的问题。特别值得一提的是，他提出了“德育为什么成了一壶烧不开的水”等关键问题以及“良好习惯是健康人格之基”等重要观念。作为一项研究成果，问题的提出、研究的设计、结果的分析、对策的建议，都立足于对现实儿童成长问题，对教育，特别是家庭和社会教育中误区的质疑、反思、批评，都渗透和体现了一种强烈的现实批判精神。

改革开放以来，对教育的反思是社会整体改革发展的重要组成部分，也是全社会共同关心的重大社会问题之一。反思与批判视角不一，多种多样。在众多的批判声中，孙云晓的批判不仅尖锐犀利，而且紧紧抓住了当下教育的根本弊病，即对少年儿童自身的忽略。自古以来，教育就是人类繁衍、传承知识技能的社会性行为，教育以社会为本，强调为社会培养需要的人才，这正是传统社会中教育社会功能的一种定位。

正是这样一种过分强调，往往忽略甚至扭曲受教育者的个体人格，以至于酿成中国教育的种种悲剧。孙云晓对传统教育的批判涉及方方面面，但其核心紧紧抓住了这一根本问题，这也就使其批判在理性、价值、系统等诸多方面具备了理论批判在内涵上的生命力和力量。

其次，孙云晓的教育思想核心价值明确，凸显了受教育者的主体地位和儿童权利观念[①]。近年来，孙云晓经常发表一些有关教育批判或教育问题

---

①《儿童权利公约》中的儿童与《中华人民共和国未成年人保护法》中的未成年人一样，都是指 18 岁以下的任何人。

的文章等，有的甚至震动社会；他还提出了不少积极的教育建议，有的十分生动具体。我们在《孙云晓教育作品集》中可以看到丰富多彩的内容。

平常在我们眼里司空见惯的教育现象，孙云晓却有了新的发现，关键是他有一种不同于传统教育者的视角——儿童视角。他善于从儿童自身出发，去观察并思考教育，去认识教育过程中的各种关系。这就使他有了不同于他人的视野，也使得他的教育论述具有了面向未来的超前性和创新性。社会的发展和变迁直接影响了教育的功能、使命、目标，也影响了教育过程中教育者与被教育者之间的根本关系。现代社会以人为本，强调人在社会发展中的主动性和自由充分发展的功能，教育的目标逐渐定位于促进个体的持续性发展，在教育的过程中，人不再是被动的被塑造者，而是具有发展潜能的、独特的、自主的主动者。

在社会发展中，儿童往往会比成人更快、更直接地接纳新的观念和价值，也会因此与成人社会发生越来越多的冲突。孙云晓研究中的儿童视角，不仅表现在他对当代儿童生存状态的多重描述上，也表现在他研究整体的一种超前与创新上。

从一定意义上说，在当代儿童社会教育的研究领域里，孙云晓很多时候充当的是一种儿童代言人的角色。这种代言，绝非简单地为儿童说话，而是代表儿童发展本质需求的代言，是面向未来的代言。创新是一种精神，也是一种理论品质。教育理论的创新不在于提出什么新的、未曾使用过的方法，甚至是别人没有说过的观点、意见；教育理论的创新，最主要的是基本价值和核心理念，是体现于外在形式上的一种内在精神。孙云晓的教育理论，闪光之处恰在于此。

此外，孙云晓的教育理论体现了现代理论研究的特色，重视实践指导性。从书斋走向实践，从空泛的理论阐述走向具体的实证研究，是现代理论研究的发展趋势。在越来越多的领域里，一种理论的价值不仅取决于其核心观点、学术体系、理论的严谨性等传统元素，更多的还取决于其对实践的指导意义和具体的实践功能，研究过程也由重视理论的逻辑推断，转化为重视实证的、个体性的描述和研究。

《孙云晓教育作品集》中的众多论证，既体现了理论研究的科学严谨，也突出了对现实教育，特别是社会教育、家庭教育的指导作用，较好地体现了现代社会研究的发展趋势。阅读孙云晓的一系列教育作品，我们会发现，他在提出问题引起父母和教育者的警觉、分析原因、讲清道理之后，总会认真详细地作出对策性建议。

读孙云晓的书，可以深切地感受到：他所提出的问题大都是我们家庭、学校、孩子父母身边的，甚至是我们每日每时都会遇到的；他所作的分析，也都是我们熟悉的，贴近我们所思所想的；他给予的指导，是我们能够做到的，是生动具体的。

读孙云晓的书，总能够使我们在获得思想启迪的同时，更获得一些具体生动的教育建议、教育行为指导。这在今天各种教育思想流派流行共存，各类家教指导人物、书籍众多，“专家”“大师”泛滥的情况下，具有特别重要的意义。教育是科学，在社会变迁、整体价值多元的情况下，教育的指导更需要科学和理性。而只有建立在相关研究基础上的具体、实际的家教建议，才是真正有指导意义的、有效能的好建议。

孙云晓是一个儿童工作者，他牢固树立了一个儿童工作者的职业伦理——热爱儿童、尊重儿童、以儿童为本，这样的伦理深入到他的研究和写作之中，就使得他的研究在整体上恪守了很多人很难获得的一种基本价值体系，并以此构建了自己的教育思想，准确地说，是社会教育的研究体系和理论框架。

孙云晓是一个青少年理论研究人员，他坚持理论研究的科学性和严谨性。多年来，他主持了多项关于少年儿童的课题，团结了一大批教育学、心理学、社会学、法学、传播学等专业学科的专家学者，发表了一系列有关少年儿童生存发展的研究成果，这就使得他的教育方面的书籍和文章具备了一种科学的底蕴，有了在研究基础上的学术底气，并以此确立了他在少年儿童研究领域里的独有地位。

孙云晓以一名作家的细腻和敏锐，以一个文人的独立思维，去观察儿童的生活，去观察教育过程中的种种现象，去思考相关的问题。曾经的记者生涯给了他笔耕的勤勉，给了他责任赋予的力量，也给了他在细微之处思索社会大问题的习惯，这就使得他的书籍和文章在科学理性的基础上还颇具文学性，哪怕是一项研究成果的发布，也更多地具有了人文气息，具有读者易于认识与理解的特点。

正是凭借这样的多重身份，孙云晓在教育研究领域拥有了属于自己的特点；也正是这些特点，成就了他的多彩与成功。

以上是我从儿童社会工作，从青少年研究，从教育变革角度，对孙云晓多年来的努力所作的思考，是为序。

陆士桢，著名青少年教育专家、中国青年政治学院教授

前言

养成阅读习惯 50 多年了，我每读到一本书，脑海中都会跳出这样几个问题: 作者是什么样的人？他为什么写这本书？他会怎样写这本书？如今，这一套新版《孙云晓教育作品集》出版了，或许读者朋友也会有一些类似的问题，作为作者，我愿意如实回答读者朋友的疑问。

我在青岛一个工人家庭长大，11 岁（1966 年）养成阅读的习惯，并开始顽强而持久的文学梦。1973 年，17 岁的我走上教师岗位，担任青岛市某区的少先队总辅导员，1978 年被推荐进入中央团校学习。没想到，结业后我被团中央调入《中国少年报》社做编辑和记者，9 年采写儿童的实践让我产生了研究儿童的强烈愿望。于是，1987 年，我主动调入中国青年政治学院青少年研究所，1991 年转入中国青少年研究中心，专职做少年儿童研究 28 年，主持了“习惯养成”“中美日韩中小学生比较”等许多研究课题。2015 年退休至今，先后在中国教育学会家庭教育专业委员会、中国家庭教育学会、教育部家庭教育指导专业委员会等机构任职，专门做家庭教育研究。到 2023 年 1 月，我做儿童教育整整 50 年。

在做儿童教育的后 30 多年，我越来越关注家庭教育。《孙云晓教育作品集》收入的 5 本著作正是聚焦于我特别关注的五大问题。

第一本是《教育的魅力在生活》。家庭教育究竟是什么样的教育？或者说，什么样的家庭教育最有利于孩子的成长？2016年12月，中国教育三十人论坛邀请我做讲演，我发表了《新家庭教育宣言》，并在《中国教育报》刊出。我的一个核心观点是家校合作的方向不是把家庭变为学校，而是要让家庭更像家庭，因为家庭教育的本质属性是生活教育，越有魅力的家庭生活越有利于孩子的发展。2016年，首都师范大学聘请我担任该校家庭教育研究中心特聘教授，随后担任两届家庭教育方向硕士研究生的导师，我带领研究生宿金金、梁丹及往届研究生卢宇等人，专门进行了家庭生活教育方面的研究，并发表了系列成果，本书也选用了当时的部分研究成果。2021年10月23日，第十三届全国人大常委会第三十一次会议通过了《中华人民共和国家庭教育促进法》，将“道德品质、身体素质、生活技能、文化修养、行为习惯”确定为家庭教育的核心内容，这是对家庭生活教育的完整概括，也改变了长期以来家庭教育沦为学校教育附庸的扭曲地位。经过几年的用心积累，我撰写了《教育的魅力在生活》一书。特别感谢著名家庭教育研究者洪明博士认真阅读本书并作序，从“家庭生活教育要义”的高度深刻论述了生活教育的核心内容及相互关系，可谓高屋建瓴、言简意赅。然而，时至今日，家庭生活教育依然被严重忽视，相信《教育的魅力在生活》一书自有其特殊价值。

第二本是《孩子需要理性爱》。2021年11月3日，《人民政协报》第9版“教育在线周刊”发表我的长篇文章，题为《新时代，如何做强大的父母》，引起强烈的反响。我为什么提出这样一个问题，因为今天的青少年儿童被称为强国一代，没有强大的父母，怎么可能有强大的一代？父母们不应该总是被指责、被训斥，而是需要得到更多尊重、支持和帮助。我提出：“只要做到陪伴、榜样、发现、尊重、支持、成长，就是好父母，就是强大的父母。”多年前，我与研究团队曾经总结出一个规律性的发现：父母能否教育好孩子不是取决于学历、收入和社会地位，而是取决于教育素养，即教育理念、教育方法和教育能力三个要素。经过沉淀和思考，我发现所谓强大的父母是理性的父母，因为孩子成长最需要理性的爱。《孩子需要理性爱》一书，是我对新时代父母教育素养的最新思考与核心建议。

第三本是《良好习惯缔造健康人格》。在中国青少年研究中心工作多年，我养成一个习惯，即习惯于以研究为基础来讨论问题，本书正是基于本人连续十年主持教育部关于儿童习惯与人格关系研究的国家课题而写成。如美国著名的人格心理学家奥尔波特所说，人格是决定人的独特的行为与思想的个人内部的身心系统的动力组织。需要、动机、兴趣、理想、价值观和世界观等人格倾向性，影响着能力、气质和性格等人格心理特征。我们在北京十一所小学开展的为期一年的实验研究表明，良好习惯的养成有助于健康人格的发展。习惯的养成一般要经过暗示、惯常行为和奖赏三个环节，其中奖赏包括内心满足和成功体验，决定了惯常行为能否养成习惯。我们的研究发现，习惯是由被动到主动再到自动的过程，而习惯养成需要经过六个步骤，即激发动机、明确规范、榜样教育、持久训练、及时评估、形成环境。当然，好习惯的养成是人的解放而不是枷锁，所以，习惯的养成需要尊重儿童的主人地位和权利。《良好习惯缔造健康人格》一书有两个特色：一是突出了习惯养成与人格培养的关系，二是从多角度提供了习惯养成的策略与方法。

第四本是《文化反哺呼唤共同成长》。本书原名《向孩子学习：一种睿智的教育视角》，也是基于本人主持的中国青少年研究中心相关课题，并感谢康丽颖教授和受访专家及课题组其他成员的贡献。当代的父母与教师经常会发现，信息时代动摇了成年人的权威地位，青少年儿童身上有许多新品质与新能力影响着成年人的生活，而这就是文化反哺或后喻文化的鲜明特征。《中华人民共和国家庭教育促进法》倡导的 9 种家庭教育方法之一，即“相互促进，父母与子女共同成长”，可以视为《文化反哺呼唤共同成长》的主题。显然，父母依然是孩子的教育者，甚至是家庭教育的主体责任人，但如果能够敏锐地发现孩子的优点并真诚地向孩子学习，将会获得更为亲密的亲子关系，取得良好的教育效果。师生关系同样如此。

《文化反哺呼唤共同成长》有三个特色：一是转变观察儿童的观念与视角，二是倾听孩子心灵深处的声音，三是提供许多与孩子共同成长的方法。

第五本是《梦想是成长的发动机》。本书是我第一次与大家分享的“私房菜”。我从 15 岁（1970 年）开始坚持写日记，至今已经有 50 多年了。本书将 50 多年的若干日记浓缩为 250 余篇，并伴以多篇回忆和分析的文章，让读者朋友看到本人真实的成长轨迹。人生看似杂乱无章，甚至充满了意外，实际上是有规律可寻的。在《孩子需要理性爱》一书中，我引用飞向太空的宇航员刘洋 2022 年 6 月给孩子的信，她的感悟很深切：“人生一定要有梦想，那是你生命中的光。心中有梦想，生命中就有光，即使身处困境，即使身处黑暗，也总能看到方向。那束光，将引导你走出泥淖，走向万丈光芒。”我年近七旬，回首往事时，最惊讶的是少年时代养成的阅读、写作和讲演三个习惯改变了我的命运，而最重要、最强大的内驱力就是文学梦和教育梦。所以，我以《梦想是成长的发动机》命名本书。北京师范大学心理学家陈会昌教授率其团队坚持 24 年跟踪 200 多名孩子的成长经历，最终发现是主动性、自控力和情绪稳定性起了关键作用，而这“三颗种子”是健康人格的核心要素。我用半个多世纪的成长体验证明，主动性就像引擎一样，需要人生理想或梦想的熊熊燃烧提供巨大的动力。从某个角度来说，《梦想是成长的发动机》以个案的方式，印证了《良好习惯缔造健康人格》一书的结论，证明良好习惯成就幸福人生。父母们如果能够引导孩子养成三到五个重要的好习惯，就是最好的教育，最理性的爱，自然也是给予孩子终身受益的珍贵礼物。

前面说这是新版的《孙云晓教育作品集》，莫非还有旧版？是的，早在 2007 年，江苏教育出版社曾经出版了一套《孙云晓教育作品集》，其中包括《教育的核心是培养健康人格》《教育就是培养好习惯》《捍卫童年》《教育从尊重开始》《与孩子一起成长》《唤醒孩子心中沉睡的巨人》等。当时，我在前言里写下“作者的话”：“我叹服江苏教育出版社的非凡胆识，是他们说服了我，并付出艰辛劳动，才使我的第一套教育作品集问世。”

这是我从事儿童教育 34 年的一个总结，尤其是代表了我专职做少年儿童研究 20 年的主要收获。我还特别写道：“当一种思想或理论提出的时候，最好的结果不是被赞颂而是被讨论或争鸣。这就需要立论者回应，并适当修改自己的思想或理论，从而给社会留下真正的财富。从这个角度看，任何人的作品集都应当尽可能在头脑清醒时出版。”

转眼 16 年过去了，在头脑非常清醒的状态下，我完成了新版的《孙云晓教育作品集》，虽然目前只有 5 本，却是经过长期积淀后的新思想、新总结，尤其是对于家庭教育规律与特点的新认识和新观点，也是对广大读者与同行朋友反馈的用心回应，自认为新版质量远胜于旧版。

2022 年是《中华人民共和国家庭教育促进法》实施元年，这是一个伟大事业的新起点，自然有太多的问题需要探索。我殷切希望新版的《孙云晓教育作品集》能够给予父母与教师朋友切实的帮助，并有益于学校、家庭、社会协同育人的和谐发展。

孙云晓

2023年1月于北京云根斋

目 录

随着家庭教育愈发受到全社会的关注和重视，许多父母对于家庭教育却愈发焦虑，家庭教育出现异化现象。人们对于美好生活的追求已经成为社会共识，家庭教育发展的必然趋势是回归生活教育。家庭教育出现了哪些异化现象，家庭教育和生活教育又有什么样的关系呢？

第二章
孩子最需要温暖的家

家庭关系是家庭建设的重要内容，也直接影响家庭教育的效果，家庭关系的好坏决定着家庭教育的成败，也关系着家庭的和谐与幸福。

第三章
美好人生需要哪些“生活技能”

童年时代会做家务的孩子和不会做家务的孩子差别很大。会做家务的孩子更有责任心，更有独立性，生活得更幸福。

第四章

家庭生活教育好坏看家风

好的生活就是好的教育，坏的生活就是坏的教育。家庭教育的本质属性是家庭生活教育，构建良好的家庭生活需要教育，更需要家庭环境的建设、良好家风文化的传承。在和谐友爱的家庭氛围中保护儿童健康成长。

第五章

为孩子提供丰富多彩的生活体验

教育的目标是让人获得幸福。引导孩子热爱生活学会生活，是家庭教育的基本任务。家庭教育就是要教给孩子创造美好生活，因为只有美好的生活才能养育美好的人才。我回忆自己的童年发现，家境贫寒，学业荒废，但热爱大自然让我终生热爱生活，这成了我一生当中最重要的财富。如果没有丰富的生活体验，孩子很难成为和谐发展的人。

第六章

家庭教育指导服务要以生活教育为本

学校该如何进行家庭教育指导服务？一个根本性的原则：家庭教育指导服务要以生活教育为本，家庭教育的发展方向绝对不是把家庭变成学校，而是要让家庭更像家庭。只有这样，才是有利于儿童健康成长的。

引子

提高生活技能让孩子终身受益

2022年1月1日开始实施的《中华人民共和国家庭教育促进法》，将“生活技能”列为家庭教育的核心内容之一。同年5月，教育部正式印发《义务教育课程方案（2022年版）》，将劳动从原来的综合实践活动课程中完全独立出来，并发布《义务教育劳动课程标准（2022年版）》。从2022年秋季开学起，劳动课将正式成为中小学的一门独立课程。其中关于让中小学生学会做饭等劳动课程的内容引发社会强烈关注，话题也迅速成为网络热点。

以大家非常关心的烹饪课程要求为例：第一学段（1~2年级），要参与简单的家庭烹饪劳动，如择菜、洗菜等；第二学段（3~4年级），学会做凉拌菜、拼盘，学会蒸、煮的方法，如加热馒头、包子，煮鸡蛋、水饺等；第三学段（5~6年级），做2~3道家常菜，如西红柿炒鸡蛋、煎鸡蛋、炖骨头汤等，还要会设计一顿营养食谱；第四学段（7~9年级），能设计一日三餐的食谱，独立制作午餐或晚餐中的3~4道菜等。

其实，这些都是最基本的生活技能要求，是少年儿童逐步学会独立生活的基础本领，却又是很多父母忽视已久的家庭教育内容，所以会激起强烈的反响。有些人大声叫好，说劳动课又回来了，自己就是在劳动中长大的；也有些人困惑不解，小孩子需要这么多劳动吗；还有些父母暗自叹息，自己都不怎么会做饭，怎么教孩子做饭?

让我们以事实来说话。2014年，中国青少年研究中心成立“家庭德育状况及改进研究”课题组，在全国城乡做义务教育阶段学生父母4000份问卷的调研，其结果不容乐观。数据显示：29.9%的父母没能认识到运动、劳动与孩子品德和心理健康之间的关系；41.4%的父母明确表示自己的孩子不做或几乎不做家务劳动；还有 46.7% 的父母有时或经常会代替孩子劳动，其中城市父母的比例（50.1%）要高于农村父母（39.9%）。[①] 这些数据说明，近半数的中国父母忽视孩子参加家务劳动，这同样反映出中国的家庭教育指导服务存在较大缺陷。

现在很多父母不让儿童进行家务劳动，怕耽误学习时间，怕孩子受到伤害，其实这是一种错误的观念。爱劳动、会劳动不仅不会耽误学习，恰恰相反，生活能力强能够促进学习，有助于人的全面协调发展。2014 年，中国教育科学院发布的《小学生家庭教育现状调查》显示，在认为“只要学习好，做不做家务都行”的家庭中，子女成绩优秀的比例仅为 3.17%，而认为“孩子应该做些家务”的家庭中，子女成绩优秀的比例为 86.92%，两者相差悬殊。[②]

更值得重视的一个核心问题是，《中华人民共和国家庭教育促进法》将立德树人作为家庭教育的根本任务，而能否真正培养孩子的道德品质与生活实践密切相关。甚至可以说，没有劳动教育，没有深厚的生活实践，培养良好道德就可能成为空中楼阁。

早在 1995 年，我在中国青少年研究中心主持一项课题，即关于杰出青年的童年与教育的研究。所谓杰出青年是指当时受到省级以上表彰的模范人物或在某专业领域内贡献突出而被社会公认的杰出人物，年龄一般在 45 岁以下。我们对 148 名杰出青年进行了问卷调查，在关于家庭教育中的家务事一项，数据显示，杰出青年童年时在家帮助父母做家务方面：经常做的占 81.08%，有时做的占 13.51%，很少做的占 5.41%。杰出青年童年时对于父母交代的事情：愿意去做的占 91.22%，想做才做的占 7.43%，不愿意做的占 1.35%。[③]

另一份调查报告即《悲剧从少年开始——115 名死刑犯犯罪原因追溯调查》（作者辜其穗、郑文甫），在 1994 年第 4 期《少年儿童研究》杂志

① 洪明．回到家庭谈德育——我国家庭德育状况及改进研究报告［M］．北京：中国青年出版社，2014：115.

② 张敬培，等．小学生家庭教育现状调查［M］．北京：教育科学出版社，2015.

③ 孙云晓．杰出青年的童年与教育［M］．南京：江苏教育出版社，1998：31.

发表，也提供了可以大致对应的数据。数据显示，这 115 名青年死刑犯违法犯罪均起于少年时期，其中 30.5% 曾经是少年犯，61.5% 少年时犯有前科，他们中 90% 游手好闲、好吃懒做、奢侈为荣、怕苦怕累。他们的父母则大都素质差，教子无方，对孩子百依百顺，溺爱无度。①

多么鲜明而沉重的对比！148 名杰出青年与 115 名青年死刑犯的童年比较告诉我们，什么样的生活造就什么样的人生，什么样的教育孕育什么样的人格。

2020 年 11 月 24 日，习近平总书记在全国劳动模范和先进工作者表彰大会上的讲话强调："要开展以劳动创造幸福为主题的宣传教育，把劳动教育纳入人才培养全过程，贯通大中小学各学段和家庭、学校、社会各方面，教育引导青少年树立以辛勤劳动为荣、以好逸恶劳为耻的劳动观，培养一代又一代热爱劳动、勤于劳动、善于劳动的高素质劳动者。"②

我们应该为教育部门以国家课程率先引领劳动教育"点赞"。劳动课程以丰富开放的劳动项目为载体，重点是有目的、有计划地组织学生参加日常生活劳动、生产劳动和服务性劳动，让学生动手实践、出力流汗，接受锻炼、磨炼意志，培养学生正确的劳动价值观和良好的劳动品质。毫无疑问，劳动课程如果持之以恒地开设下去，必将提升一代代学生的综合素质。但是，我们也必须清醒地看到，只有家校社协同育人，并且坚持家庭教育是生活教育的理念与原则，才能让劳动教育落到实处。父母应当按照《中华人民共和国家庭教育促进法》的要求，自觉承担起家庭教育的主体责任，让家庭教育回归与创造美好生活。

让家庭教育走出偏重知识教育的误区，回归生活教育的正道，绝不意味着生活教育与知识教育的对立，而是寻求一种平衡，因为平衡的生活最为有利于孩子的健康成长。著名心理学家斯滕伯格教授认为，成功智力包括分析性、创造性和实践性三方面的智力。他在《成功智力》一书的中文版序言中

① 孙云晓，刘秀英 . 怎样教育孩子［M］. 北京：京华出版社，1996（3）.

② 中共中央党史和文献研究院 . 习近平关于注重家庭家教家风建设论述摘编［M］. 北京：中央文献出版社，2021：20.

特别说明："中国人强调平衡地构建智力的基础，与成功智力理论不谋而合，即智力不是能力数量的多少，而是分析性能力、创造性能力和实践性能力之间所达成的一种平衡。"[①] 就家校社协同育人而言，只有家庭进行生活教育、学校进行知识教育、社会进行实践教育，这三种教育才是相辅相成的完善结构，这种结构严谨的平衡教育为培养出真正的人才奠定坚实的基础。

我们需要认识到，家庭教育的本质特点是生活教育，生活教育是未成年人最需要的家庭教育，而劳动教育是生活教育不可或缺的基本内容之一。从家庭生活来看，学会做饭、洗衣等于掌握了生活的基本能力之一，对少年儿童的学习和家庭生活及社交能力都具有促进作用，将使其终身受益。

学校开设劳动课教授学生如何进行家务劳动是必要的，但更重要的家务劳动教育一定是在家庭里进行，而父母则是最好的教练。因此，父母的劳动教育观念与方法，对于孩子的劳动态度和习惯养成，将起到关键性的作用。以往的教训不可忘记，如有些父母包办代替孩子的劳动作业，甚至以弄虚作假的方式作秀，这些都是不利于孩子健康成长的。只有实实在在地劳动，才能理解劳动的艰辛和意义；只有追求美好生活的劳动，才能树立劳动创造幸福的价值观；只有长期坚持劳动，才能养成劳动习惯，而这样的劳动教育才会有助于实现立德树人的教育目标。

今天的少年儿童是强国一代，而强国一代需要一代强大的父母。父母们应该充满自信，因为父母最熟悉、最擅长的就是生活教育，只要认真努力地生活，给予孩子理性的爱，与孩子一起劳动和创造，不断提高生活技能，就是强大的父母，就是最好的教育。

---

① R.J. 斯滕伯格 . 成功智力［M］. 吴国宏，钱文，译 . 上海：华东师范大学出版社，1999：中文版序 6.

第一章

让家庭教育回归与创造美好生活

许多父母的失误在于急功近利，把自己最擅长的生活教育放弃了，而对自己不擅长的知识学习投入过多的精力，这种错位导致家庭教育进入恶性循环。

大量数据证明，目前许多家庭忽视家庭关系和幸福生活的发展，家庭教育出现知识化和学校化的误区。2017年，中国儿童中心编写的《中国儿童参与状况报告》显示："从家庭中亲子沟通的内容来看，48.4%的中小学生每天都会跟父母谈论学习，34.5%的中小学生每天都由父母辅导学习。"① 更多数据表明，父母和孩子沟通最多的是学习和与学习成绩相关的事宜。孩子原本自然而丰富的家庭生活逐渐被作业、考试、辅导班、兴趣班所侵占，家庭教育变成较为单一的知识教育。

当然，学习是儿童发展的重要途径，也是家庭生活不可或缺的部分，但不是唯一重要的内容。过分偏重学习和培养技能，已经严重弱化了家庭的生活教育功能对于孩子成长的作用。正如我在一段"生活感悟"中所谈到的：

许多父母的失误在于急功近利，把自己最擅长的生活教育放弃了，而对自己不擅长的知识学习投入过多的精力，这种错位导致家庭教育进入恶性循环。据犹太母亲沙拉介绍，犹太父母抛弃许多浮华的东西，把生存教育排在首位。沙拉从培养孩子做家务、卖春卷和与人沟通开始，孩子逐步成长为有实力的富豪。

那么，家庭教育中都存在哪些反生活教育的误区呢？

第一节 家庭教育要警惕反生活教育的误导

许多父母对孩子的告诫里包含一个明确的意思：只要你把学习搞好了，别的什么都不用你管。这句话可以视为反生活教育的宣言，它反映了父母对教育的片面理解，也反映了他们的焦虑心态，这可能对孩子产生极为有害的误导。

① 苑立新．儿童蓝皮书：中国儿童参与状况报告（2017）［M］．北京：社会科学文献出版社，2018：9.

家庭教育是以亲子互动为中心，在家庭生活中，家庭成员之间通过互动增强家庭关系、完善家庭功能的各种教育活动过程，尤其强调家庭成员之间的相互影响和共同成长，注重亲密关系和幸福生活的发展。

但是，现在家庭教育的重大误区是远离生活，甚至出现反生活倾向。当代中国的家庭教育虽然风生水起，却存在一股不可忽视的逆流，那就是反生活教育。许多父母对孩子的告诫里包含一个明确的意思：只要你把学习搞好了，别的什么都不用你管。这句话可以视为反生活教育的宣言，它反映了父母对教育的片面理解，也反映了他们的焦虑心态，这可能对孩子产生极为有害的误导。

另外，重智轻德、急功近利也是反生活教育的强劲表现之一。在当今社会，知识学习已经成为中小学生生活的主要内容。为了让孩子争高分、进名校，有些父母不惜剥夺孩子的兴趣爱好与睡眠娱乐等，损害孩子身心健康。于是，“鸡娃”现象一时成为社会关注的热点。

近年来，教育领域的“焦虑值”不断增长：月薪三万撑不起孩子一个暑假的花销；5 岁小朋友幼升小简历让网友惊呼“受到一万点暴击”……类似这样的新闻原本是极端个案，但在爆款文章推手、网络平台乃至课外辅导机构的推波助澜下，似乎变成社会普遍现象，放大为父母们的集体焦虑。也正是在这种集体焦虑的弥漫扩散中，更多人加入了鸡娃的队伍，助长了社会焦虑情绪与非理性鸡娃的恶性循环。2021 年 5 月 7 日，“人民日报评论”公众号发表题为《什么才是“鸡娃”的正确方式》的评论，作者沈万泉写道：

何为鸡娃？指的就是家长们为了孩子能取得优秀的成绩，如同打了鸡血一般，不断地给孩子安排学习和活动任务，不断激励孩子上进拼搏。在我们身边，的确有一些家长热衷于给孩子报名各式各样的辅导班，钢琴、舞蹈、奥数、编程样样不能落下；为了能够拿到名校的敲门砖，带领孩子不断升级简历；一些家长组建了鸡娃群，共享学习资料、交流鸡娃方法，甚至由此产生了“牛蛙”“素鸡”“青蛙”“自鸡”等鸡娃术语。为了让孩子赢在起跑线上，没有最“鸡”，只有更“鸡”，折射出一些家长的“拼娃”焦虑。

应该说，鸡娃也好，放养娃也好，本质上都是对教育理念、教育方法的一种探索。扩大背后的社会焦虑，大可不必。我们理解部分家长的选择，更应透过鸡娃现象思考什么才是更好的教育，如何才能改善我们的教育。教育有竞争的成分，但绝不是只有输赢的比赛，不是花了多少钱、上了多少辅导班的比拼。唯有尊重教育的规律、回归教育的本真，才能让孩子少一点负重前行，多一些健康成长。

2019 年 4 月 29 日，国家卫健委举行新闻发布会，介绍 2018 年儿童青少年近视调查结果：67% 的学生每天户外活动时间不足 2 小时，29% 的学生不足 1 个小时；73% 的学生每天睡眠时间不达标。从调查结果中可以看出，小学生课后作业时间和持续近距离用眼时间过长、过度使用电子产品等不良用眼行为普遍存在。

这不禁让我们感慨今天的家庭教育，家庭不像家庭，父母不像父母，孩子不像孩子。在许多家庭，家庭教育的重心指向了父母对孩子的课业辅导，偏重于对科学文化知识学习的指导。知识学习已经成为中小学生生活的主要内容，儿童的成长被知识教育淹没，家庭教育成为成绩与分数的附庸，极大弱化了家庭对一个人的情感性、生活性的滋养和影响。

在应试教育的误导之下，太多的父母在手把手地辅导孩子功课的同时，忍不住包揽孩子在生活上应该做的一切，不让孩子整理书包、打扫房间、做饭、刷锅洗碗、洗衣服、管理家中植物和宠物、修理家用物品，等等。父母一次次包办孩子原本能做的事务，其实让孩子失去了责任感的培养、生活技能的掌握、动手动脑的历练等很多宝贵的经验，而这些都是知识教育难以弥补的。

重智轻德的反生活教育会导致严重的后果。原北京大学心理咨询专家徐凯文副教授在校园里发现了可怕的“空心病”现象。北大校园里很多学生看起来像是患上了抑郁症，他们情绪低落、兴趣减退、快感缺乏，不知道自己在干什么，也不知道要得到什么样的东西。北大一年级的新生，包括本科生和研究生，其中有 30.4% 的学生厌恶学习，或者认为学习没有意义，还有 40.4% 的学生认为人生没有意义，只是按照别人的逻辑这样活下去而已。[①]

我国现行的基础教育改革，一直重视将学校教育与生活教育相联系，结合陶行知生活教育理论的核心观点"生活即教育""社会即学校""教学做合一"，以改变智育至上的现状。而家庭教育其本身即发生在生活世界的教育，却远离了生活教育，甚至步入知识化和学校化的误区，这对儿童的健康发展是极为不利的。

教育的根本目标是促进人的健康发展，这既需要学校的知识教育，也需要家庭的生活教育，二者缺一不可。诚如我在"生活感悟"中提到：

> 教育的目标是让人获得幸福。引导孩子热爱生活、学会生活，是教育的基本任务。教育就是要教孩子如何创造美好生活，因为只有美好的生活才能养育美好的人才。我回忆自己的童年发现，家境贫寒，学业荒废，但热爱大自然让我终生热爱生活，这成了我一生中最重要的财富。

孙云晓
生活感悟

1. 家庭教育应当是生活教育，比如，教会孩子洗衣服、做饭、收拾屋子；进一步发展，教孩子学会管理自己的时间，学会与朋友友好相处等。可是，今天有些家庭的家庭教育变成了反生活的教育，如许多父母对孩子说："只要把学习搞好了，别的什么都不用你管。"这是教育荒废的宣言。学习知

① 徐凯文．北大新生厌学只因得了"空心病"［N］．文摘报，2016-12-01.

识当然是必要的，但是过于加重学业负担和追求名次是一种本末倒置的教育误区。如教育学者熊丙奇所说，知识、能力和素养是决定人生的三个重要因素。根据人力资源理论的研究，在人的一生中，知识起的作用不到5%，能力和素养才是受用终身的。显然，能力和素养需要在实践中培养。

2. 应试教育是生活教育的最大误区。有些人认为，应试教育是培养决定命运的硬功夫，其实是一种误解。大量事实表明，考什么、教什么、学什么的应试教育必然导致教育荒废。实际上，真正的素质教育会让学生更爱学习、更会考试，并且追求全面协调的发展。简而言之，素质教育是让人既成人又成才的教育。

3. 芬兰的教育专家总结出儿童技能教养法，其实质就是生活指导法，而生活经验恰好是成年人的优势所在。应试教育之所以成为众矢之的，是因为它是反生活的教育，是反人性的教育。儿童教育回归到生活的教育不是倒退，而是回到最坚实的基础上。心态变，思路变，方法变，效果自然也变。

4. 应试教育的最大弊端在于反生活、反人性，学生最需要的教育是生活教育。教育家陶行知的生活教育理论认为，生活教育是给生活以教育，用生活来教育，为生活向前向上的需要而教育。从生活与教育的关系上说，是生活决定教育。从效力上说，教育要通过生活才能生发力量，从而成为真正的教育。

5. 批判应试教育不等于否定考试，应试也是一种能力，问题在于怎样考试。从有利于培养创新人才的角度说，基础教育阶段要淡化统一考试，加强谈松华等学者倡导的增值性、发展性和综合性评价；中考和高考也要在考试中鼓励质疑、奖赏创新。其实，教师和父母每天如何评价孩子是更重要的导向。

第二节 家庭教育就是家庭生活教育

人的成长是有规律的，教育也是有规律的。之所以说家庭教育就是家庭生活教育，从根本上来讲，是因为家庭是生活的组织，是生活的场所，家庭教育问题从根本上说是家庭生活的问题。[①] 家庭教育与生活教育有着天然的密切联系。

家庭是人从出生到离世生活最久的环境，家庭教育亦是持续影响人一生的发展的最具基础性、持久性、深刻性的教育。家庭具有教育的功能，“大部分的孩子仍是从家庭中学会说话、学会走路、学习守规矩、学习人际关系，等等，更重要的是，孩子从父母及家人那儿学到了价值观、信仰和处世态度。”[②] 家庭教育是人一生发展的基础，是个体自我发展的起点。

与学校教育不同，家庭教育是一种非制度化的教育，与生活高度一体化，是发生在生活世界的教育。德国现象学大师胡塞尔认为，生活世界是一处始终先存在着的有效世界。“从生活世界的意义上说，我们是这个世界诸对象中间的对象。也就是说，在一切科学上的确认之前，不论是生理学上的、心理学上的、社会学上的等等的确认之前，我们就是直接的经验上的确实性，在这里那里存在着的对象。”[③] 人具有吃、穿、繁衍等基本生理需求，这是人类最基本的生活状态，也是依据生活自有规律发生的。家庭还原了生活本身，家庭教育是在生活中进行的教育，因此就发生机制而言，家庭教育是发生在生活世界的教育，家庭教育即生活教育。

① 洪明．家庭生活教育引论［J］．中华女子学院学报，2020（3）：48-54.

② 黄迺毓．家庭教育［M］．台北：五南图书出版公司，1988：16.

③ 胡塞尔．欧洲科学的危机与超越论的现象学［M］．王炳文，译．北京：商务印书馆，2009：133.

近些年来，习近平总书记十分重视我国家庭教育和家庭建设问题。2015年2月17日，在2015年春节团拜会上的讲话中，习近平总书记指出："家庭是社会的基本细胞，是人生的第一所学校。" 2016年12月12日，习近平总书记在会见第一届全国文明家庭代表时的讲话中强调："无论时代如何变化，无论经济社会如何发展，对一个社会来说，家庭的生活依托都不可替代，家庭的社会功能都不可替代，家庭的文明作用都不可替代。" "家风是社会风气的重要组成部分。家庭不只是人们身体的住处，更是人们心灵的归宿。"

可见，家庭是社会的基本细胞，是个体生存与生活的场所，对人的成长起着基础性的作用。家庭由有亲属关系的成员组成，生活是家庭的根本，美好生活是家庭追求的最终意义。家庭生活贯穿人的一生，是个体成长的基本环境，包括家庭的方方面面。当前众学者呼吁教育回归生活，同样，家庭教育亦要回归与创造美好的家庭生活，回归生活教育。

那么家庭、生活、家庭教育之间具体存在着怎样的关系呢？我们可以一一进行剖析。

一、生活的内涵

我们需要明确什么是生活以及生活和教育的关系。在《现代汉语词典》中，"生活"被界定为："人或生物为了生存和发展而进行的各种活动。"

陶行知认为："有生命的东西，在一个环境里生生不已的就是生活。"① "生活是人之生命存在的基本方式，离开了生活就不存在人。"② 其实不管是衣食住行、待人接物，还是为了发展的经验获取，人们不可能脱离生活而存在。

二、生活是教育的源泉

回归美好生活是家庭教育的必然趋势，这就需要厘清家庭教育和生

---

① 陶行知．陶行知教育名篇［M］．北京：教育科学出版社，2013：103.

② 鲁洁．道德教育的根本作为：引导生活的构建［J］．教育研究，2010（6）：3-8.

活教育的关系。而家庭教育和生活教育的辨析离不开对另外一对概念的解释——教育与生活。教育与生活的关系问题历来是教育领域一个基本的理论问题，总体来说，生活是教育的源泉，家庭生活更是家庭教育的根和本。

教育起源于人类早期的生产生活，那时人们需要把生活中积累的知识和经验传递下去，人类生活积累的知识和经验就是教育的内容，教育是为人们的生活服务的。陶行知在论述生活教育时，将生活与教育的关系定义为："生活教育是给生活以教育，用生活来教育，为生活向前向上的需要而教育。"① 也就是说，生活是教育的源泉，教育是生活的需要，我们进行教育的目标是生活向前向上。正如教育的终极目标就是幸福一样，家庭教育的目标也是家庭成员的幸福。

生活教育是家庭教育的根和本。首先，家庭是生活的组织，家庭的根本属性是生活性②，家庭自然不能脱离生活而存在；其次，家庭教育又是来自家庭生活的，家庭教育和生活实践是密不可分的。当学校教育出现后，家庭的诸多教育功能逐渐被学校教育所取代，父母对于孩子的教育以及父母自身的教育都逐渐围绕着学校教育展开。说到教育，人们自然会想到学校，往往忽视了家庭生活永远都是家庭教育最重要的基础。

三、教育是生活的需要

陶行知认为："是好生活就是好教育，是坏生活就是坏教育；是认真的生活就是认真的教育，是马虎的生活就是马虎的教育。"③ 也就是说，并不是所有的生活都是好的生活，更不是所有生活都利于孩子的成长。好的生活需要好的教育，教育要引领生活，要改善和提升不好的生活。

正如德国哲学家雅斯贝尔斯所说："教育是人的心灵的教育，而非理性和知识的积累，通过教育使具有天赋的人，自己去选择决定成为怎样的

---

① 陶行知．陶行知文集［M］．南京：江苏人民出版社，1981：694.

② 洪明．家庭生活教育引论［J］．中华女子学院学报，2020（3）：48-54.

③ 陶行知．陶行知教育名篇［M］．北京：教育科学出版社，2013：103.

人以及自己掌握安身立命之处。”[①] 当教育引领现实生活的时候，教育就不仅是文化的传承和知识与能力的学习，而且是一种唤醒人的生命意识、启迪人的精神世界、构建人的生活方式以实现人的生命价值的活动[②]。人们在教育生活中构建精神的高度，彰显生命的价值。父母要不断关注、反思、改变自己已有的生活，理想的家庭教育也应该是理想的家庭生活。

四、家庭教育要创造美好生活

家庭是人类为了生存而选择的生活方式，教育是创造美好生活的重要途径，让生活发生积极的改变，是家庭教育的重大意义。2016 年 12 月 16 日，习近平总书记在会见第一届全国文明家庭代表时的讲话中提到：“家庭教育涉及很多方面，但最重要的是品德教育，是如何做人的教育。”但是目前许多家庭过于偏重孩子的学习课程、学业成绩，而忽视孩子的心理健康、思想品德教育等人格的塑造。引领家庭教育回归美好生活，创造美好生活，应该是具有重大意义的家庭教育变革。正如杨启光教授在定义家庭生活教育时所指出的那样，家庭生活教育本质上以人的家庭及家庭成员的发展为本，主要通过特定的教育与学习的形式，以传递家庭生活的知识、技能和信息等为中介，激发与唤醒每一个家庭成员在家庭生命历程的不同阶段面向家庭生活任务具有的自身潜能，协助家庭成员努力发现他们自身开展创造性家庭生活的素质与能力，预防由于社会转型变革导致的一系列家庭压力与家庭生活问题，增强家庭幸福感，提升家庭生活的质量。[③] 家庭生活教育关乎儿童的健康成长，也关乎每个家庭成员的幸福生活，是对个人生命价值、意义的提升与美好幸福生活追求的实现。

---

① 雅斯贝尔斯 . 什么是教育［M］. 邹进，译，北京：生活 · 读书 · 新知三联书店，1991：4.

② 关颖 . 家庭教育社会学［M］. 北京：教育科学出版社，2014.

③ 杨启光 . 发展型家庭生活教育：理论、实践与制度创新［J］. 教育科学研究，2017（8）：93-96.

孙云晓
生活感悟

1. 最重要的儿童教育是生活教育，也只有生活最有可能让孩子理解人生。可是，我们恰恰容易忽视生活的教育，比如食育，有多少人觉得饮食与教育关系密切呢？日本在2005年制定并实施了《食育基本法》，该法序言指出：“现在应重新把食育作为生存的根本，看成智育、德育及体育的基础。”

2. 我在和新东方的俞敏洪交流的时候，发现他最自豪的不是在北京大学学习的经历，而是少年时代在家乡如何成为劳动能手，以及如何受益至今。由此可以看出，少年时代的生活体验不仅仅提升了能力，也提升了信心。其实，生活教育是多数父母可以做到的，这种让人受益终身的教育不就是最好的教育吗？

第三节　好的生活才是好的教育

什么是给儿童好的教育？简单一句话，好的教育就是好的生活，好的生活就是适合儿童成长的生活。“生活即教育”是教育家陶行知生活教育理论的核心，他认为过什么生活便是受什么教育。过好的生活，便是受好的教育；过坏的生活，便是受坏的教育。生活决定教育，教育改造生活。

一、好的生活教育需要科学理论指导

中国青少年研究中心研究员洪明认为，美好生活首先是每个人的生活，有益于别人而不妨碍别人的生活，才是美好的生活。生活教育的过程是审美的过程，目标是让生活更美好。教育的使命在于反思生活、引领生活和构建生活，只有良好的生活教育，才能培养出健康成长的孩子，而生活教育的推广则需要科学的理论指导，这是国内外许多专家学者的共识。

陶行知根据中国国情明确而系统地提出生活教育理论，将教育与社会相连，用教育解决国难，改造教育以推动社会进步，提出了“教人读活书，活读书，读书活”和“在劳力上劳心”的生活教育[①]。生活教育伴随人一生的成长，“生活教育与生俱来，与生同去”[②]。经过进一步阐述与总结，形成了以“生活即教育”“社会即学校”“教学做合一”为核心的生活教育理论。“‘生活即教育’，是叫教育从书本的到人生的，从狭隘的到广阔的，从字面的到手脑相长的，从耳目的到身心全顾的。”[③] 陶行知认为：“是生活的就是教育，不是生活的就不是教育；是好生活就是好教育，是坏生活

① 陶行知．陶行知全集（第 8 卷）［M］．长沙：湖南教育出版社，1984：733-734.
② 陶行知．陶行知全集（第 2 卷）［M］．长沙：湖南教育出版社，1984：634.
③ 陶行知．陶行知全集（第 2 卷）［M］．长沙：湖南教育出版社，1984：199-200.

就是坏教育;是认真的生活就是认真的教育,是马虎的生活就是马虎的教育;是合理的生活就是合理的教育,是不合理的生活就是不合理的教育;不是生活,就不是教育;所谓之生活未必是生活,就未必是教育。"[①]

除此之外,在教育历史的长河中,卢梭、裴斯泰洛齐、斯宾塞、福禄培尔、杜威等教育家的教育思想都体现着生活教育的观念。

卢梭提出教育要遵循儿童自然的天性,从出生起让孩子充分享受自由,在自然的环境中成长。他提出自然教育的核心是"归于自然",自然的教育是人力所不能控制的,因此良好有效的教育是自然的教育。

裴斯泰洛齐认为生活是教育的目的。"教育的终极目标不是圆满地完成学业,而是适应生活;不是养成盲目服从和规定的勤奋习惯,而是培养自主的行为。"[②]同时,他认为要通过生活进行教育,将教育与生产劳动相结合。"我试图使学习与手工劳动相联系、学校与工场相联系,使它们合而为一。"[③]生活教育离不开劳动技能的培养。

斯宾塞重视教育与生活的关系,将人类生活划分成五个部分:直接有助于自我保全的活动;间接自我保全的活动;目的在于抚养孩子和教育子女的活动;与维持正常的社会和政治关系有关的活动;在生活中的闲暇时间用于满足爱好和感情的各种活动。而教育是完成这些活动的基础。他提出"教育为完备生活做准备"的观点,指出"如何经营完善的生活,这是我们需要学习的一件大事,亦就是教育所应教导的一件大事。为我们完善的生活做好准备,乃是教育所应完成的功能"[④]。

杜威提出"教育即生活""教育即生长""学校即社会"的观点,他认为教育是生活的过程,而不是未来生活的预备,提出"教育是生活的需

---

① 陶行知.陶行知全集(第2卷)[M].长沙:湖南教育出版社1984:180.

② 夏之莲.裴斯泰洛齐教育论著选[M].北京:人民教育出版社,2001:368.

③ 张焕庭.西方资产阶级教育论著选[M].北京: 人民教育出版社,1979:203.

④ 赫伯特·斯宾塞.教育论[M].胡毅,译.北京:人民教育出版社,1962:142.

要”“教育在它最广的意义上就是这种生活的社会延续”[①]，认为通过教育，社会群体的生活经验得以延续和发展，强调教育在生活中的必要性。“没有教育即不能生活，所以我们可以说：教育即生活。这种广义的教育，无论什么人，一天总不能离的……绝对不可离的。离开了教育，就同离开了生活一样。所以他们天天总要有教育。”[②]

二、生活教育理论与家庭教育

生活教育理论是陶行知教育思想体系的主体。改革开放以来，众多专家学者对这一理论进行研究，主要聚焦于生活教育理论产生的背景、生活教育理论的核心观点、生活教育理论的历史影响以及生活教育理论的当代价值[③]这四方面。陶行知生活教育理论的提出是以当时的学校教育为焦点，因此现代大部分学者对该理论探讨的视角多以学校教育为出发点，重点研究其对学校教育的启示。但陶行知生活教育理论产生于生活、运用于生活，不仅能够引领当今生活、创造美好生活，同时也对生活进行批判，其生活教育理论是充满活力的，是不断发展着的。陶行知生活教育理论同样是研究家庭生活教育的重要基石，一些学者对此进行了研究。

沙银芬提出陶行知生活教育理论与家庭教育有天然的联系[④]，认为陶行知生活教育理论最大的特点即贴近生活，强调行动，这是家庭教育最需要的。[⑤]

部分学者将陶行知生活教育理论与家庭教育相结合，针对家庭教育问题，从生活教育视角进行研究并提出解决方案。龙妍竹针对目前学前儿童

---

① 约翰·杜威. 民主主义与教育［M］. 王承绪，译. 北京：人民教育出版社，2001：8.

② 约翰·杜威. 教育哲学［M］. 刘伯明，译. 上海：上海大新书局，1935：3-4.

③ 许丽丽，侯怀银. 改革开放以来生活教育理论研究的回顾与展望［J］. 南京晓庄学院学报，2019（2）：3-4.

④ 沙银芬. 陶行知生活教育理论及其在家庭教育中的应用［J］. 安庆师范学院学报（社会科学版），2009（3）：37-39.

⑤ 沙银芬. 陶行知的生活教育理论与家庭教育［J］. 教育探索，2009（10）：9-10.

家庭教育中存在的将孩子与生活隔离、将孩子的生活之自由剥夺和将孩子双手束缚的误区，结合陶行知生活教育理论的基本观点，提出了将教育融入孩子的生活实际、让孩子在与社会环境的互动中学习、从做开始解放孩子双手三点改善方法①。张悦指出当前家庭教育的不灵活，将家庭教育与陶行知生活教育理论相结合，将生活教育的“生活性”“可操作性”“发展性”运用于家庭教育，建立牢固的生活教育观，营造温馨良好的家庭环境，手脑并用“做中思考”以及创新知识②。蒋梅芳根据陶行知生活教育理论提出三点措施，即以生活为中心鼓励孩子参与到生活之中、走进社会还孩子一片自由的蓝天、从“做”开始给孩子动手尝试的机会③。

陶行知的生活教育理论包括“生活即教育”“社会即学校”与“教学做合一”三大支柱。按照《陶行知传》作者的解释：“生活即教育”是生活教育理论的核心，是它的本体论；“社会即学校”是生活教育理论的场地论；“教学做合一”是生活教育理论的方法论。

2018 年 9 月 10 日，习近平总书记在全国教育大会的讲话中确立了补充完善的教育方针，即培养德智体美劳全面发展的社会主义建设者和接班人。其中，新增加的劳动教育成为人们关注的焦点，而进行劳动教育需要做到“教学做合一”。

“教学做合一”是生活教育理论的方法论，也是生活与教育关系的进一步说明。陶行知对“教学做合一”的论述有：“教学做是一件事，不是三件事。我们要在做上教，在做上学。在做上教的是先生，在做上学的是学生。”“先生拿做来教，乃是真教；学生拿做来学，方是实学。不在做上用工夫，教固不成教，学也不成学。”“教的方法，根据学的方法；学

① 龙妍竹 . 回归生活——基于陶行知“生活教育”理论谈学前儿童家庭教育［J］. 教育观察，2019（9）：27-28.

② 张悦 . 陶行知生活教育理论对家庭教育的启示［J］. 大众文艺，2016（23）：203-204.

③ 蒋梅芳 . 陶行知生活教育理论对当前家庭教育的启示［J］. 宁波教育学院学报，2012（3）：85-87.

的方法，根据做的方法。”“事怎么做，便怎么学；怎么学，便怎么教。”总而言之，教与学都以做为中心，教学做是不可分离的整体。无论是学校还是家庭，都有许多劳动教育的经验。

北京自 2015 年启动了初中学生学农教育实践活动，截至目前，至少已经有 5.5 万名学生参加了劳动教育[①]。北京农学院北农耕读教育中心主任蒋林树介绍学农教育的课程模块，根据一年四季农时的不同设计了春耕、夏耘、秋收、冬藏四个模块，每个学生可以根据个人爱好自主选择课程。有肉乳蛋感官检查品鉴、花卉蔬菜无土栽培技术等农业类课程，也有石磨豆腐制作、土豆粉条制作、面包烘烤等生活类课程。

北京学生学农教育以育人为目标，以课程为核心，以实践为重点，采取封闭管理，活动为期一周，半天为一时段，由学生自行负责日常生活、内务整理。课程设置上侧重于集农事教育和农事劳动为一体的除草、施肥、养殖等体验类课程，接地气，带土味，力求让学生出力流汗。课程既有传统农业，又有现代农业。学生学农教育目前已取得阶段性成果，建立了劳动教育基地，形成了学农特色课程体系，开发了学农教育课程平台，实现了网上自主选课。

北京学生的学农实践活动的本质特点是什么呢？或许就是教育家陶行知所倡导的“教学做合一”。因此，我们可以说，生活教育理论给国家的教育方针提供了理论基础。

生活教育理论符合当代的教育需要。“在做上教的是先生，在做上学的是学生。”那就意味着能者为师。今日父母以及爷爷奶奶、姥姥姥爷经常为手机、电脑等新电子产品如何使用请教孩子，那就是在做上学，那就是当学生，而孩子在做上教，就是当老师。长辈需要有一个思想准备或者观念转变，在信息时代，向孩子学习是一种睿智的教育理念。两代人或三

① “打水挑担，配餐做饭”——北京 3 万名中学生进行学农教育体验劳动生活【EB/OL】.（2018-10-17）https：//baijiahao.baidu.com/s？ id=1614563236873039183&wfr=spider&for=pc.

代人相互学习，共同成长，是生活教育显著的时代特点。

生活教育理论是对“知行合一”理论的发展和应用。在思考教学做合一的时候，明代著名学者王阳明的知行合一理论也非常值得借鉴。陶行知曾一度给自己起名为陶知行，后来改为陶行知，将“行”放在“知”前。有人常说：“许多事情我都知道，就是做不到。”王阳明认为，做不到就不是真知道，真正的知道就是能做到，知行是一个整体。

如何做到教学做合一或者知行合一呢？王阳明主张“在事上磨”，也就是在实践中结合。这个观点启发我们，在生活教育中，不是今天讲个什么道理、明天做件什么事就行了，而是将教育融合进一件又一件可以做的事情之中。学习一个又一个生活本领，其过程既是教，也是学，而首先是做。许多生活能力强的孩子，在面对社会的复杂情况时处变不惊，应对自如，就是教学做合一成功的证明。

生活教育理论为家校共育提供了理论指导。陶行知的生活教育理论既符合学校教育的需要，其丰富的思想内涵同样适合家庭教育。目前学校和家庭对家校共育的重视程度越来越高，学校越来越意识到家庭教育在教育系统中的基础性作用，父母们普遍重视与学校配合，而生活教育是家校共育的最佳结合点。

孙云晓
生活感悟

1. 脱离生活实践的教育肯定不是好的教育，而今天的教育离生活越来越远。教学做合一是陶行知特别重要的教育思想：教的法子根据学的法子，学的法子根据做的法子。事怎样做就怎样学，怎样学就怎样教。他甚至规定师范生“不会烧饭，不得毕业”。显然，不会生活，难为人师。

2. 什么是给儿童最好的教育？简单一句话，最好的教育就是最好的生活，最好的生活是最适合儿童成长的生活。“生活即教育”是教育家陶行知生活教育理论的核心，他认为过什么生活便是受什么教育。过好的生活，便是受好的教育；过坏的生活，便是受坏的教育。生活决定教育，教育改造生活。

3. 何为教育创新？陶行知总结了其导师杜威的理论，提出了六步创造法，即行动生困难、困难生疑问、疑问生假设、假设生试验、试验生断语、断语生行动，如此演进于无穷。与杜威的不同之处在于，陶行知特别重视生活实践，其教育理论的核心就是生活教育理论。教育创新也要从生活实践出发。

第四节　家庭生活教育的主要内容

《家庭教育促进法》第二条规定："本法所称家庭教育，是指父母或者其他监护人为促进未成年人全面健康成长，对其实施的道德品质、身体素质、生活技能、文化修养、行为习惯等方面的培育、引导和影响。"这个明确的定义是对家庭生活教育的全面概括，说明家庭生活的内容丰富多彩，不仅有外在的物质生活，还有内在的精神生活。

这里所讲的家庭生活是侧重围绕儿童养育展开的一切活动，从促进儿童及家庭成员学会生活、热爱生活、创造生活以及家庭建设的角度，特别提出家庭生活教育至少应包含以下五个方面的内容。

一、家庭生活教育需要有亲密和谐的家庭关系

家庭的本质是家庭关系，亲密和谐的家庭关系对孩子来讲尤为重要。首先，家庭关系中最核心的就是夫妻关系，夫妻关系越好，孩子越有安全感；反之，夫妻关系越差，孩子越有危机感。夫妻关系对孩子的影响极为深刻，父母在以自己的行为告诉孩子如何对待家人、对待他人。其次是亲子关系，特别需要提出的是尊重儿童的权利，即尊重儿童的生存权、发展权、受保护权和参与权等基本权利。再次是要重视与祖辈和各种各样的亲戚的关系。构建和谐的家庭关系，促使家庭生活教育形成具有稳定性的内在教育影响力和向心力。

在家庭教育中，夫妻关系有多么重要？在《用心教养——孙云晓与中外心理学名家的对话》一书中，有我与美国的脑神经科学家、西雅图太平洋大学脑科学应用学习研究中心主任约翰·梅迪纳教授的对话。请看其中

一段非常有趣的对话[①]：

> 孙云晓：您谈到在西雅图举办讲座时，有位美国父亲问：“我要怎么做才能够让孩子长大后考上哈佛大学？”其实，在中国持这一类想法的父母比比皆是。您有些愤怒地回答道：“回家好好疼爱妻子！”您的意思是给妻子多一些爱和支持，妻子情绪稳定、心理健康，才能够培养出优秀的孩子，是这样吗？您为什么特别强调这一点？
>
> 梅迪纳：在美国，对学业成就的最佳预测指标，就是家庭情绪的稳定性，而家庭情绪的稳定性很大程度上取决于父母关系。这就是我为什么会说：“回家去，爱你老婆！”当然，我真正的意思是夫妻互爱，但问题是，常常是个男人来问我这个问题。如果你真的关心孩子的智力发展，你的第一要务就是爱老婆。

在中国，家庭教育中的祖辈参与是一个普遍的现象，这既是中国的优势，也存在许多误区。我赞同朱小蔓教授的观点：“三代人的互动才是完整的家庭教育。”也就是说，正常的家庭教育是需要祖辈参与的，让孙辈看到父母怎么对待其父母，让父母看到祖辈如何与儿孙辈交流，都是很有益处的。所以，在家庭教育中，祖辈的适当参与是必要的，主要问题在于过度参与，甚至取而代之，成为主导主责。

有一个典型的案例或许可以将这一问题说透彻。我非常熟悉的一位女学生、著名儿童舞蹈家秋雪（化名），她在小学、中学、大学都是公认的好学生。在我的印象里，她是一个热情、礼貌、全身心投入舞蹈的女孩，从没有听说她与人闹矛盾的是是非非。可是，四十年过后，她约我长谈，倾诉内心的痛苦，渴望走出困境。原来，她童年时被父母忽视并且被父亲排斥，一直寄居在姥姥家，这不仅导致其一生缺乏亲情、缺少家庭观念、

---

① 孙云晓．用心教养——孙云晓与中外心理学名家的对话［M］．杭州：浙江人民出版社，2014：5.

婚姻失败，也导致其内心自卑，与人交流困难，舞蹈事业的成功只是为了证明自己，等等。她讲的几个细节令人惊讶：一是母亲已经八旬，她却一直喊不出“妈妈”，总是以“老太太”称呼；二是母女二人不仅绝少拥抱，偶尔靠在一起也会让彼此都感觉不适。

秋雪的悲情诉说引起我强烈的震撼和深刻反思：亲情缺失导致的自卑与痛苦竟然影响一生，即使事业辉煌也无法消除内心的昏暗，这个撕心裂肺的悲剧远没有引起广大家庭及教育工作者的重视。我也为自己的失职而愧疚，因为我只为她的成功而骄傲，却没有走进她的内心世界。

秋雪的案例是个别现象还是具有普遍的意义？全国妇联妇女研究所的学者李亚妮的调查结果回答了这一问题。她通过调查上海 144 名大学生发现，从婴幼儿时期就由祖父母抚养的孩子和父母没有形成牢固的亲子依恋，双方信任不足，亲子冲突时有发生。另一方面，孙辈长期跟随祖辈，孩子在最需要呵护、最需要智力开发、最需要培养亲情的时候远离父母，待孩子长大后，即使回到父母身边，也易产生感情隔阂和情绪的对立。

从秋雪的个案到李亚妮的调查结果，或许可以警示我们，如果父母失职，可能导致三代人的悲剧：首先是孙辈缺少亲子依恋，导致一生缺乏安全感和幸福感；其次是父辈失去了成长为合格父母的机会，人生难以完满；再次是祖辈以晚年的辛苦导致儿孙两代人的人格扭曲，只能与痛苦相伴终老。

二、家庭生活教育应该注重家务劳动

家庭教育的本质是生活教育，美好的生活要靠劳动来创造。《家庭教育促进法》特别将“生活技能”作为家庭教育的主要内容之一，虽然“生活技能”内涵丰富，但劳动显然是核心要素。

一个在家里从来没有劳动岗位或任务的孩子，是难以有责任感的，生存能力也难以得到进一步发展。不少调查研究都证明，童年养成劳动习惯，孩子长大以后更可能具有责任心，也更容易适应家庭生活和职场的工作；不爱劳动的人恰恰相反，他们更有可能成为生活和职场的失败者。劳动教育既可以培养孩子的自理自立的能力，也可以培养孩子的自信心和责任感，因此，劳动教育是家庭生活教育的必修课。教育家马卡连柯曾经以他长期研究观察的经验得出这样的结论：在家里获得了正确的劳动教育的儿童，以后就会很顺利地完成自己的专门教育。

值得注意的是，我们不仅仅要培养孩子认识劳动的价值并且有劳动的体验，更要注重劳动习惯的养成，因为习惯才是稳定的、自动化的行为。天津社会科学院社会学研究所研究员关颖依据“少年儿童劳动意识和劳动习惯调查”认为，少年儿童对劳动的认识、劳动愿望和劳动精神是积极的，日常的劳动参与状况却不尽如人意[①]。可见少年儿童对于劳动的价值有一定的认知，也有参与劳动的愿望，但是主动劳动的行为并不是很多，大部分还是处于被动的状态。针对如此现状，培养孩子的劳动习惯就显得尤为重要，父母要充分发挥家庭生活教育的优势，抓住日常生活中的劳动实践，以身作则，激发孩子对劳动的热情，鼓励孩子自觉参与劳动，掌握家庭生活中的几项劳动技能，并进行具体的训练，长期坚持以养成习惯。

三、家庭生活教育应创建良好的家庭文化生活

家庭的文化是家庭各种要素的组成，是家庭成员的思想意识、价值观、知识水平、行为方式等主观因素以及家庭物质环境的总和[②]，是家庭成员在长期的共同生活中形成并成为全体成员共同遵守和享受的各种文化形态的总和，主要包括物质文化和精神文化[③]。比如，满足家庭成员衣食住行等各种物化层面的审美需求，包括家居的陈设布置、服饰的选择、饮食的搭配等。当然，并不是在物质上投入越多，对孩子的影响就越积极，而是其中蕴含的文化色彩会影响孩子的发展，更重要的是，家庭文化生活是家庭

---

① 关颖．少年儿童劳动意识和劳动习惯影响因素的实证分析［J］．道德与文明，2012（1）：148-152.

② 关颖．家庭教育社会学［M］．北京：教育科学出版社，2014：332.

③ 何平．试论家庭文化与家庭教育［J］．学习与探索，2002（4）:30-31.

生活教育中每个人都不可缺少的一种精神需要。和谐的家庭关系、积极健康的家庭生活方式、各种各样的家庭规则等都会形成一种独特的家庭文化氛围，潜移默化地影响孩子的成长，同时孩子也会在家庭文化的熏陶下不断汲取营养，滋润心灵和精神。

家庭文化活动是丰富多彩的，需要遵循追求新知、至善、求真、求美的原则。比如构建学习型家庭，进行图书阅读、音乐绘画欣赏；建立家庭档案，逐步积累家庭文化成果；注重挖掘、利用传统家训家规中的优秀资源，制订符合时代需求的家规，形成良好的家风文化；进行亲子游戏互动，构建和谐的家庭关系，让孩子在充满爱的家庭生活中成长；等等。总之，高质量的文化生活，努力向上、充满活力的家庭文化，不仅能够丰富孩子的内心世界，还能够浸润孩子对美的感知和体悟。

四、家庭生活教育应该包含有意义的家庭闲暇生活

闲暇生活，即人们在劳动时间之余，除去满足生理需要和家务劳动等生活时间支出后所剩的、为个人可自由支配的时间内积极自愿从事的、以身心休闲为目的的活动与体验的总和①。联合国《儿童权利公约》第 31 条明确指出："儿童有权享有休息和闲暇，从事和儿童年龄相宜的游戏和娱乐活动，以及自由参加文化和艺术活动的权利。"②儿童享有闲暇生活的权利要求我们要尊重和保障儿童的闲暇生活，家庭生活教育也应该发挥其重要的作用。

家庭闲暇生活质量的高低影响着孩子成长之后的社会生活品味，对孩子自由创造、探索需求等方面的发展程度具有重要影响。首先，高质量的闲暇生活可以让孩子缓解学习压力，使身心获得愉悦和放松，形成良好的闲暇生活习惯，有益于他们终身发展。其次，高质量的闲暇生活具有发展性，

---

① 肖正德，邵晶晶. 农村初中教师的闲暇生活境遇及闲暇教育路径[J]. 教育研究，2016(1).

② 新华网：联合国〈儿童权利公约〉（全文）[EB/OL].（2012-11-20）http://news.youth.cn/gn/201211/t20121120_2633074_3.html.

利用自由的时间可以激发儿童的潜力和创造性。亚里士多德认为哲学产生的条件就是闲暇与好奇；胡适先生也提到过，一个人的前程往往全靠他怎样用闲暇时间，有闲暇定终身的观点。再次，丰富多彩的闲暇生活对于孩子的情感陶冶、思维拓展、修身养性等具有重要意义。如旅行可以开拓孩子的眼界，艺术可以熏陶心性，家庭游戏和运动能够密切亲子关系，阅读可以丰富孩子的内心世界，朋友交往可以满足情感上的需求等。

许多父母对于家庭闲暇生活的价值认识并不到位，导致儿童的闲暇生活大量被课外班、训练营所挤占。近年来，随着互联网的普及，电子娱乐成了儿童闲暇生活的主要选择，这在很大程度上也削减了孩子在闲暇时间与父母、朋友之间的交往。安排好家庭闲暇生活，提高闲暇生活质量，才能让孩子有充足自由的时间进行创造、探索，这是家庭生活教育不可忽视的内容。比如：父母要提高对于家庭闲暇生活价值的认识，改善自身不良的闲暇生活方式，与孩子一起商量、制订闲暇生活规划，增加户外活动，满足孩子对外在世界的好奇心，增加孩子与同伴交往的机会等。

五、家庭生活教育需要健康的食育观念

古诗云："锄禾日当午，汗滴禾下土。谁知盘中餐，粒粒皆辛苦。"大部分中国人都能够将这首古诗倒背如流。早在孩提时，父母就会教导我们，餐桌上的每一粒米都得之不易，要珍惜粮食。民以食为天，"食"是生活所必需的活动，食育是儿童健康成长的必修课。

孩子们对食物充满了好奇心，他们看着品类众多的食物，猜想着食材本来的样子，想知道它们是从哪来的，更想弄明白饮食的制作过程，对食物十分感兴趣。从一粒种子到餐桌上一道色香味俱佳的食品，这整个过程都是使孩子了解食材、学会选择食物、懂得珍惜粮食以及养成良好饮食习惯的重要机会，有助于孩子认识自然、学会人与自然和谐相处。

《日本学校的午餐》短视频记录了日本琦玉市的一所普通小学学生进行午餐的过程。食物是由六年级学生在学校农场种植并收获的土豆，经过

食堂师傅的加工，成为美味的菜肴。取餐时，每个班的值日生会向厨师们三鞠躬表达谢意，接着把全班同学的饭菜抬到教室里进行分发。所有食物按需分配，没有浪费，饭后进行个人的洗漱以及餐具的回收整理，午餐全程温馨礼貌，井然有序。孩子们良好习惯的背后是父母与学校对其进行一以贯之的食育的影响。

食育不仅包括知识教育和良好饮食习惯培养，更是一种借助食物进行德、智、体、美、劳等全方位的人格教育，儿童可以在亲身体验与劳作中发现食物的珍贵，在生活中学会珍惜与感念。美好生活是健康成长的重要基石，父母以食育引导孩子，带领孩子走进生活、学会生活，成为身心健康、拥抱幸福的人。

劳动教育是生活教育不可或缺的基本内容之一，却是许多父母和教师较为忽视的问题。毫无疑问，忽视生活教育和劳动教育是家庭教育的重大误区。

其实，面对一个不会劳动甚至厌恶劳动的孩子，父母是心怀隐忧的：如果离开父母，他们将怎样生活？ 2020 年以来的新冠疫情证明，会不会做饭严重影响防疫期间的生活质量，会做饭者生活依然正常，不会做饭者则生活艰难。

一个在沪日本人的求助说明了什么？

日本的华人媒体《东方新报》2022 年 4 月 11 日报道：“上海疫情高位运行，牵动人心。”在这期间，在沪日本人的真实生活是怎样的？藤村意外地发现，隔离生活能更好地捕捉生活的乐趣，整理房间、大扫除、学习、锻炼、自己做饭等，平时没有时间做的事情，现在都实现了，生活反而变得更加健康。但是，另一个日本人却和中国志愿者孙冉说，他已经没有口粮了，因为一个人住，平时就吃外卖，所以家里连锅都没有。孙冉马上把家里闲置的电饭煲借给他，并联系楼里其他志愿者，从各家找出了一些吃的，给他送了过去。物业得知此事后，也把小区库存的大米送给他。

志愿者孙冉是我的女儿，她因为懂日语，负责协助日本人做核酸检测等事宜，所以我了解更多内情。这名日本人在微信里对中国邻居接连表示感恩：“真心感谢各位好邻居！”“拿到了这么多物资太感谢了，我又有了重生的勇气！”

这名日本人话中的“重生”二字让我心头一紧，难道会因为无法吃饭而轻生吗？如今不会做饭的年轻人太多了，平常的日子叫外卖或吃食堂都能够对付，但防控疫情封闭在家时，危机就来了，封闭越久，危机越重，怎么活下去呢？更大的危机在于，太多太多父母忽视孩子必须学会做饭这个基本的生存本领。

8 岁“大厨”何以成为明星

当某些非常重要而又缺乏的能力与品质被发现，就可能成为火爆的新闻。2020 年 4 月，多家媒体争先恐后报道江苏省扬州市梅岭小学二年级学生缪苇杭学做饭的事迹。4 月 29 日，《扬子晚报》头版刊登大幅新闻图片，题为《8 岁“大厨”厉害了》，“超长假期里，他学会了做 30 多道菜。”而在第 3 版，整版都是 8 岁童厨做饭的事迹介绍和评论。不难想象，在《扬子晚报》的历史上，如此突出地报道一个儿童学做饭的事迹，可能是头一回。在梅岭小学的历史上，一个小学生因为学做饭成为明星，可能也是头一回。这说明了什么呢？或许说明，8 岁孩子会做饭本应是平常事，而在今天成为重要新闻了！如果换一个角度审视，这绝不是对教育的表扬，这是一种辛辣的讽刺！

当然，有父母教孩子学做饭毕竟是进步了，值得欣慰和借鉴。所以，我也在朋友圈分享了 8 岁缪苇杭学做饭的案例，并且写下生活感悟的文字：“这是家庭生活教育的成功尝试，儿童学会做饭将终身受益，对其学习和家庭生活及社交也具有促进作用。”“家庭生活教育当然不只是做饭，但学会做饭绝对是生活的基本功。有些学校教学生做饭也是好的，但必须明白，孩子学做饭的最佳场所是家庭，父母是最好的教练。如果连做饭都不会，劳动教育就是一句空话！”

食育的三个建议

那么在家庭生活中，父母可以怎样进行食育呢？我有以下三点建议：

首先，父母可以带领孩子参观或参与食材种植或养育的过程，让他们切身体会动植物生命的可贵及劳动的辛苦。食物既是大自然的馈赠，又是生产者辛勤劳动的结晶。要让孩子了解餐桌上食物的由来，懂得珍惜粮食，传承人类对自然的崇敬，建立人与自然的和谐共生关系。

其次，父母可以抓住孩子对食材的好奇心，激发他们对食物的好奇，进而深入理解食物。日本作家黑柳彻子的教育名著《窗边的小豆豆》中提到，每日在吃午饭时，巴学园的校长会让同学们从自己的盒饭中找出“海里的和山里的东西”，孩子们对校长一个一个地查看自己的饭菜感到特别快活，接着会兴奋地找出哪些食材是海里的，哪些是山里的，感受着新奇的味道。校长借着孩子们对食物的兴趣，既加深了他们对食材的认识，又让孩子们把一顿饭吃得津津有味，这样的方法值得父母学习和借鉴。

再次，根据孩子的身心发展阶段，对不同年龄的孩子，父母要选择合适的食育内容与方式，循序渐进地进行引导。对于幼儿园和小学阶段的儿童，父母可着重对孩子珍惜粮食、掌握吃饭礼节以及养成良好饮食习惯等方面进行教育；对中学阶段的青少年，父母可引导孩子了解食材的特征，掌握健康的饮食知识，进一步传承我国的特色饮食文化。

孙云晓
生活感悟

1. 在快餐店里常常见到大吃大嚼的孩子，有些父母甚至把吃肯德基、麦当劳当作一种奖赏，这是一个极大的误区。美国和英国的学者研究发现，吃较多快餐的孩子长大后智商会低于那些经常吃新鲜烹饪饭菜长大的孩子，最多可能低5分。显然，在儿童成长的过程中，食育是最重要的基础。

2. 从来没参加过任何形式的兴趣班，却在中学时代拥有三项发明并获得国家专利，后拥有更多发明创造，成为南京航空航天大学十佳青年，他就是放纵式教育和自学习惯成就的胡铃心。他回忆说，时间比较自由，比其他同学空闲。可见，天才是自由所造，创造需要闲暇，而兴趣是自由飞翔的翅膀。

3. 好的亲子关系胜过许多教育，但关系好不等于没有冲突，实际上，冲突也是一种成长所需要的营养。如《关键教养报告》所评论，青春期与父母适度冲突的孩子，比完全没有冲突或频频冲突的孩子更会调节自己。冲突是相互倾听和认识，其价值是相互理解和接纳，关键在于要把冲突合理化解掉。

4. 如果孩子在闲暇时不知所措，那可能是值得关注的信号，因为无所事事的孩子最容易受到不良诱惑。所以，需要培养孩子多一些兴趣爱好，尤其是阅读、运动、手工制作和琴棋书画等。教育家陶行知提醒道，人当忙时不会走歧路，一遇空闲，危险就来了。因此，要注意培养孩子种种正当娱乐的良好习惯。

第五节 家庭生活教育的基本方法

养育孩子的任务神圣而又复杂，多年来我一直呼吁做父母需要“持证上岗”。合格父母的上岗要求是拥有现代的教育观念、科学的教育方法、健康的心理、良好的生活方式、平等和谐的亲子关系。

改善家庭教育需要从改善家庭生活开始，如何让家庭教育根植于家庭生活并引领家庭生活向上向前发展？根据家庭生活教育的情感性、体验性和潜移默化性等特征，至少有七种家庭生活教育的基本方法。

一、榜样教育法

父母是孩子的第一任老师。父母的言行举止、处事方法、思想态度都会对孩子产生潜移默化的影响。中国青少年研究中心的一项调查显示：青少年认为对自己激励教育作用最大的人物中，父母居于首位[①]。可见父母对于孩子的榜样引领尤为关键。

首先，父母要以身作则，提高自己的思想道德水平，注重自己的思想言行，做到知行合一。在生活教育中，父母的一言一行都会影响到孩子，父母做什么比说什么更加重要。马卡连柯曾就父母对儿童影响的重要性作过一段论述：你们如何穿衣服， 如何与他人说话，如何谈论别人，你们如何表达高兴和不快，如何面对仇敌，如何笑，如何读报——全部这些对儿童都有很大的意义。若是教育者本身有许多的不足，那么任何的方法都是

① 李祖超，邵敏．青少年榜样激励与励志教育现状研究——基于全国 8 省（市）青少年问卷调查［J］．中国青年研究，2011（11）：60-63.

无用的。[①]

其次，父母要尊重、引导孩子进行多样化的榜样激励选择。中国青少年研究中心《中国少年儿童偶像与榜样研究报告》表明，9~10岁（小学四年级、五年级），榜样的影响力达到峰值；12~13岁（初一、初二年级），偶像的影响力达到峰值。[②]父母要认识这一规律，理解和尊重孩子的心理需求，并引导孩子进行多样化的榜样与偶像的选择。

父母以身作则和以身示范是最好的家庭教育方法。父母要保有积极乐观的生活态度、健康合理的情绪管理方法，将言行一致的品格带给孩子，引导孩子树立积极向上的价值观念。

二、情感熏陶法

家庭教育的情感性是家庭教育区别于其他教育的独特性，而回归生活的家庭教育更具有天然的优势。孩子对家庭具有很强的情感依赖，是对社会、他人的情感、态度、价值观的动力来源。家庭教育的情感性特征要求父母注重营造良好的家庭氛围，注重家庭关系的维持，构建良好的亲子关系，强调家庭成员的尊重与平等，在语言和情感上进行有效的亲子沟通，让每一个家庭成员都能感受到家人之间的关爱、理解和信任。比如通过日常聊天、亲子共读、共写读书笔记、交流读书感悟等，激发彼此之间的真情实感。在家庭生活中还可以专门设计一些有吸引力的主题活动。

三、实践体验法

孩子生命成长是在生活体验中不断迸发潜能的。为孩子提供丰富多彩的生活体验，激发他们浓厚的探索兴趣，关注孩子在实践体验中的生活和生命状态，是成长的关键所在。体验就是去经历生活，感悟生活，在体验

---

① 马卡连柯．父母必读［M］．北京：教育出版社，1956：400.

② 中国青少年研究中心．中国少年儿童偶像与榜样研究报告［R］．天津：天津社科院出版社，2012.

中进行个人生活阅历的积累，创造当下的美好生活，获得面对未来的勇气和触动心灵的感悟。家庭生活是丰富多彩的，孩子在分担家务劳动、参与家庭活动决策等过程中，可以体验到为建设家庭幸福生活的责任；在亲子游戏、亲子运动中，感受到家人之间的情感和互动的快乐；在与大自然亲密接触时，体验个人与自然的关系，感悟生命的奥秘和自然的规律；在阅读、影视欣赏中，体验更广阔的世界。孩子在一个个小小的成功体验中不断获得自信和力量。

四、因材施教法

因孩子个体具有差异性，就需要父母因材施教，这是重要的教育教学原则，而家庭对于这一原则的运用更具有优势。每个孩子都是独一无二的，每个孩子的成长也是不断发展变化的，父母应该认识到孩子的独特性，相信孩子的发展潜能，注重他们个性化的发展。首先，父母应该尊重孩子的成长规律。要了解孩子身心发展的实际情况，孩子在发展的速度、水平上都各不相同，父母要在孩子成长道路上保持平常心态，不急于求成，要循序渐进。其次，父母要深入了解孩子的内心世界。每个孩子的个性、爱好、气质并不相同，男孩和女孩的特质与需求各不相同，父母要通过观察、沟通等方式了解孩子的内心需求，尊重、接受孩子的情绪、感受，再根据孩子的实际情况和成长特点，采取不同的教育方式。再次，每一个家庭都有各自的特点和环境，父母要放下比较之心，减少与“别人家孩子”攀比的情况出现，要在生活中善于发现孩子的优点，发挥其优势，让孩子的个性得到充分发展，让他们的生命更加独特和灿烂。

五、习惯养成法

教育家叶圣陶认为，儿童教育往简单里说就是培养好习惯。家庭生活教育的核心目标就是教会孩子如何做人，是培养孩子的健康人格，而培养健康人格的重要途径之一是培养良好的习惯。比如培养良好的学习习惯、上网习惯、阅读习惯、饮食习惯、劳动习惯、运动习惯等，这不仅需要科学的教育方法，还要注重认知、情感、意志和行为诸方面的协调，注重培养儿童的自主精神。习惯养成要注重科学的方法。根据中国青少年研究中心习惯课题的研究发现，习惯养成一般需要六个步骤：一是提高认识，激发动机，引导孩子对养成某个习惯产生兴趣，保护孩子的好奇心和兴趣是培养良好习惯的开始。比如对于良好学习习惯的养成，重要的应该是培养孩子对学习的兴趣，而不能一味追求考试成绩高低与名次。二是明确规范，要让孩子对某个良好习惯的具体标准做到明白清楚。三是通过榜样示范引领，让孩子对养成某个良好习惯产生亲切而向往的感情，并且获得精神动力。四是通过坚持不懈的行为训练，持之以恒，让孩子由被动到主动再到自动，养成某个好习惯。五是及时评估，让孩子在成功的体验中养成良好的习惯。六是形成环境，让家庭环境、社区环境和校园环境成为孩子养成良好习惯的支持力量，尤其要重视良好家风的熏染。

六、家庭契约法

在日常生活中，父母可能会经常遇到一些令人头疼的事情，比如孩子无节制看电视、玩手机，父母说了很多遍的话，孩子也不为所动等。我认为出现以上现象的原因之一是父母在教育孩子的时候缺乏契约精神，没有制订具体而可行的规矩。爱玩是孩子的天性，但是如果父母放任而造成不良后果，却又只是一味抱怨，这样只会事与愿违。主动性和自制力平衡发展是最理想的成长状态，这就要求父母培养契约精神，建立家庭契约。父母应该在日常生活中树立规则意识。行事前约定，按照约定执行是家庭生活教育的有效手段。通过制订合理的规则，经历从约束性到自觉性再到习惯性的过程，可以培养孩子的自制力，帮助孩子养成好习惯。比如在看电视、玩手机之前，要和孩子约定好具体时长；玩完玩具后要进行收拾整理；等等。

此外，还要传承和培育优良家风。家风，是一个家庭在代代繁衍过程中，逐步形成的较为稳定的生活方式、生活作风、传统习惯、道德规范，以及待人接物、为人处世之道等[1]。家风根植于日常生活中，对人们具有深入人心的无形力量，好的家风能够让孩子受益终身。父母一方面要重视传承和挖掘优良的传统家训、家风文化，比如尊老爱幼、勤俭持家、乐善好施、讲究诚信、邻里和睦等，取其精华，去其糟粕，培养孩子的向善品行和道德情感；另一方面，要根据社会主义核心价值观的要求，制订符合时代要求的家训、家规，形成与时代风尚相融合的家风文化，比如举行自己家的家庆日等。当然，家风不是一蹴而就的，需要父母长期在家庭生活中不断反思、选择、提炼、总结，是逐步形成的一种属于自己家庭的价值取向和文化氛围。

七、家校社协同法

健全家庭、学校、社会协同育人机制已经成为推进家庭教育的共识。首先，要将家庭生活教育作为家校社协同育人的重要宗旨，进一步丰富、完善覆盖城乡的家庭教育指导服务体系。家校社协同育人的方向不是把家庭变成学校，而是让家庭更像家庭，要积极促进家庭建设，发挥家庭生活教育的功能。学校应该在家庭教育中承担指导责任，开展家庭生活教育指导活动。其次，要尊重家庭的传统与个性，激发家庭生活育人的活力。家庭是社会最小的细胞，也是最为活跃的细胞，因为文化背景和发展历程的不同，家庭往往拥有独自的传统与个性，表现形式也是千姿百态。因此，家校社协同育人推进家庭教育要尊重家庭的传统与个性，要注意发现和总结家庭教育的成功经验，而不是忽视个性，强求一致。家校社协同育人要坚持寻找美好家庭，用先进父母的经验带动广大父母提升育人水平。家校社协同育人推进家庭教育的一个重要方法就是以点带面，寻找美好家庭是值得推而广之的做法。

---

① 闫旭蕾，杨萍 . 家庭教育新论［M］. 北京：北京大学出版社，2012：11.

孙云晓
生活感悟

1. 在学业负担较重的情况下，如何培养孩子的阅读习惯呢？教育部原总督学柳斌先生有一个好建议，即每天课外读一篇千字文，如果坚持下去，一年可达到36万字，12年可以阅读430万字。我想，每天一篇千字文的阅读，有利于养成阅读习惯，因为负担轻、变化多，孩子会有兴趣，也会有信心。

2. 幸福的孩子一定是全面和谐发展的，不关心孩子的全面发展，就不是好父母或好教师。如陆士桢教授所说，一个孩子正常发展有6个指标，即生理、认知、情感、精神、道德和社会性。许多父母只关心身体健康和学习好，顶多算一个半指标。家庭教育只有注重生活化，才能促进孩子全面发展。

3. 孩子是千差万别的，唯有因材施教才是成功之路。陆士桢教授说得很形象：非要把土豆变成苹果的教育必然失败。我想，作为父母，首先要认清楚自己的孩子是土豆还是苹果，是土豆就按照土豆的特性去发展，也会有精彩的未来。

4. 孔子为什么成为中国最伟大的教育家？因为他既有丰富的教育实践经验，又总结出卓越的教育思想。其中，孔子倡导的有教无类和因材施教已经成为教育的基本原则。所谓有教无类，就是不分贵贱贫富和种族，人人都可以入学受教育。所谓因材施教，就是尊重差异，有针对性地进行教育。

5. 父母和教师是孩子最重要的榜样，父母和教师的习惯深刻影响孩子的习惯养成。北师大实验小学副校长王莹说，有些学生为什么不再主动向老师鞠躬和问好？因为他们的礼貌行为得不到老师的热情回应。所以，培养学生好习惯的前提是教师要带头养成好习惯，各学科、各环节都需要养成好习惯；在家庭里，培养孩子的好习惯需要父母带头养成好习惯。

6. 家庭教育首先是家庭，其次才是教育，如果家庭崩溃了，绝对不可能有好的教育。洪明博士认为，文化建设是家庭建设的核心，而家庭文化建设的基本内涵：一是精神发育和心灵归宿之根，二是亲情、爱情和友情，三是义务、责任，四是宽容、体谅，五是长幼、亲疏有序，六是国法、家规。

第二章

孩子最需要温暖的家

真爱是没有条件的。所谓真爱，就是把孩子当成真正的人，尊重其人格，满足其需要，引导其发展，而不求私欲之利。真爱，就是真正对孩子有益的爱，是以孩子为本的爱，而不是功利的爱，不是让孩子拿高分数和高名次来交换的爱。只有真爱，才会让孩子刻骨铭心，终身受益，而功利的爱极有可能引发危机，引发一种成长隐患。

家庭关系是家庭建设的核心内容，直接影响家庭教育的效果，家庭关系的好坏决定着家庭教育的成败，也关系着家庭的和谐与幸福。2018 年，北京师范大学对全国 18 万中小学生的大型调查显示：中小学生最需要的是“有温暖的家”。“有温暖的家”排在学生认为的“人一生最重要事情”的首位。无论是四年级还是八年级学生，在他们的观念里，人生中最重要的事情均为“有温暖的家”，其选择比例分别为 39.3% 和 49.4%，远高于对其他价值追求的选项。“八年级选择‘有温暖的家’的人数比例比四年级高 10.1 个百分点。表面上看，青春期的孩子对父母的依赖明显减少、渴望独立，与父母的沟通和相处时间减少，但实际上家庭在他们心中地位反而变得更加重要。”①

“孩子需要一个什么样的家？”我们要知道，家是孩子生命的摇篮，也是亲情的摇篮。至于一个什么样的家会让孩子感到温暖、安全，有益于孩子的发展，这可能是我们每个家庭成员都希望了解的。

在社会转型期间，社会出现了某种失衡现象，比如，工作不稳定、收入差别很大、东西方文化冲突等，这些都会对家庭产生冲击。曾经有人说过这样的话，经历过动乱之后，家庭的墙变厚了，是为了试图阻挡住社会对家庭的影响。但是人们发现家庭的墙再厚也挡不住社会的影响，只要打开手机、电视或上网，任何一个家庭和世界都息息相通，各种信息都会影响着我们的生活。

---

①《全国家庭教育状况调查报告（2018）》全文发布［EB/OL］.（2018-9-27）［2021-1-23］. http：//www.jyb.cn/zcg/xwy/wzxw/201809/t20180927_1237129.html.

第一节　家庭的本质是爱

“家庭的本质是爱”，没有爱就没有家。家庭生活质量的高低，首先是看爱的水平高低、爱的质量好坏。所以说爱是家庭的灵魂，是家庭的精髓。

为什么会有家呢？是因为爸爸妈妈相爱，才有了后代，才有了这个家，家就是爱情的结晶。但家庭建设如果做不好也会出现隔阂、冷漠甚至仇恨。观察家庭的恩恩怨怨、孩子成长的曲曲折折，你会发现，一个最根本的因素就是情感的发展与变化，所以说我们要以此来把握住家庭关系的发展和变化。

冰心老人曾经说过，没有爱就没有世界。这句话很深刻。没有爱当然就没有家庭，没有真正的爱就没有幸福的家庭，而一个没有真正的爱、没有幸福的家庭，就不可能有健康成长的孩子。这就是我们要探讨的问题。

中央电视台曾经办过一档很火爆的节目《全家总动员，暑假乐翻天》，就是以家庭为单位来表演各种节目。我作为评委在那里看到了各种各样的家庭，有的真是非常风趣。这个节目竞争激烈，以闯关的方式进行，最后三个家庭获胜，奖励全家去国外旅行。

作为父母来说，我们都知道环境对孩子的成长意义重大。我去英国旅行的时候，参观过丘吉尔庄园布伦海姆宫。丘吉尔有句名言：“人造住宅，住宅造人。”意思是说，房子是人造的，可是住进去后，一个家族就慢慢形成一种文化，这个家庭环境就造人了。所以我们要营造一个有利于孩子成长的家庭，一个充满爱意的家。

那该怎么样营造家呢？怎么才能使家里的爱像江河一样奔流不息，像腾格尔《天堂》歌里唱的：“我爱你，我的家，我的家，我的天堂。”有的家虽然不大，但是回到家里会让人觉得很温馨、很安全。所以，人都喜欢往家走，回家去，非常需要家。

坚持60多年的家庆

怎么样才能提高家里爱的水平呢？2004年6月号《少年儿童研究》杂志发表作者文彦的文章，文彦家自1957年开始设立“家庆日”，即以父母的结婚纪念日为“家庆日”，至今已经60多年，显然这是家庭建设的一个好形式。

咱们有国庆、校庆或厂庆、店庆等，文彦的家里却创造出家庆。这家子女很多，都把这一天看作家里最重要、最隆重的节日。到了这一天，兄弟姐妹们都千方百计赶回来过家庆，纪念爸爸妈妈在多少年前结婚，感谢爸爸妈妈为这个家庭所做的一切，回忆爸爸妈妈的爱情故事，回忆每个人的成长。

这个家真是一个很有特色的家庭，除了有家庆外，居然还办了家报，因为兄弟姐妹多，信息多，就办了一张报纸。当然报纸不会天天出，但上面有很多关于家庭成员的信息。这个家真是让我感动。

这个家找到了根，家庭的源头就是因为爸爸妈妈相爱有了孩子们。家就是爱的结晶，爱的延续。家庭教育就是关于爱的教育，当然也是性的教育，男女结合，相亲相爱，担负起各自的家庭责任。家其实是最让你动心的地方，最不需要掩饰的地方，也是最令人难以忘怀的地方。

春节是最能体验家的温暖和浓浓爱意的日子，特别是对于那些大家庭而言，过年的聚会更是幸福的交融和亲情的激荡。一名网友这样回忆过年：“因为要熬夜看春晚，以前过年，我们全家睡到大年初一的中午才起床，然后空着肚子到外婆家吃碗香喷喷的太平面，再和表姐妹们一起去亲戚家拜年。走一圈回来刚好吃晚饭。外婆亲手做了卤味和芋泥，还有两碗好喝的汤。吃完饭，大人们聊天、打麻将，表姐妹们则在一起聊悄悄话。”这样的活动和情景对孩子理解家庭的意义、找到人生的归属感有着重要的影响。

其实，带着孩子走亲访友和亲朋聚会，可以让孩子感受平时感受不到的体验，弥补大多数孩子作为独生子女的许多缺憾。为了更深入地交流，父母还可以带着孩子回老家探亲，这也是一个很好的选择。回老家有一种寻根的意义，能够把自己的小家延伸到家族的深处，每一个人的家乡都是珍贵的教育资源。

很多人慢慢感觉到，如今有些孩子似乎有点冷漠。可是，我们想过没有，孩子为什么冷漠？原因之一是现在生活太单调了，家庭或家族的交流太少了，能够让孩子感动的体验太少了。

母亲的特殊礼物

我到美国的罗得岛大学访问时，一名美国女教授和我聊天，她说："孙先生，你知道吗？我生孩子的时候难产，并且是生双胞胎。我已经知道会难产，就请朋友来做准备，在我生孩子的时候架好录像机，把生孩子的过程全部录下来，做成两个光盘，留着有一天作为礼物送给我的两个女儿。"我听了心里非常震撼，有几个母亲敢把这一幕让孩子好好看看。其实，细心想一想，这可能是孩子最需要看到的，孩子也想看看自己的生命之初是什么样的，也可以看看妈妈是如何艰难地把自己带到这个世界上来的。

很多孩子对自己是怎么长大的并不怎么清楚，实际上，每个孩子的生日都是母亲的受难日，是母亲最艰难的时候。可是我们给孩子过生日的时候，往往就忘了这个关键的环节，都是想着怎么让孩子高兴，光顾着喝什么、吃什么、请谁来、怎么玩。很多孩子到了青春期，自己过生日的时候，都希望父母这天不在家，只要把钱准备好，把东西准备好，父母就走吧，孩子要和同学伙伴一起玩儿。

孩子快乐当然可以，生日嘛，当然要快乐，但是在生日这一天，最需要让孩子铭记的是要对母亲感恩，要向母亲表达感激之情。至少在某一个时候要让孩子懂得这些，让孩子对此有深刻的体验。

生活中，小小的努力就会有收获。我曾经买了一块小黑板回家，放在家门口的鞋柜上。渐渐地，我们家就养成了一个习惯。谁有什么事了，就写在小黑板上，也包括相互的叮嘱、鼓励或者是祝贺，都写在上面。中国人的情感表达往往比较含蓄，因此可以采取像书信、短信、视频、留言板等形式表达自己。我们要把家变成一个爱意满满的港湾，营造成最适合孩子生长的环境，因为家庭的本质就是爱。

俞敏洪曾说："父母所拥有的荣誉、地位和财富与教育孩子的成败没有密切的联系，唯一有联系的就是全心全意地爱孩子，用正确的方法引导孩子，选择正确的老师培养孩子。"对此我十分赞成，父母爱孩子是容易的，但要给孩子真正的爱并没那么容易。

2010 年，网上的"父母皆祸害"之论成为焦点问题，显然是一些历经坎坷的人在声讨父母对自己的伤害。其实，代沟问题随时随地存在。2005 年 4 月 25 日《珠江晚报》刊登了一条消息：在武汉市举行的一次约 4200 名中小学生参加的题为"给我一点时间"的作文比赛中，超过 70%的孩子选择了一个共同的题材——被妈妈逼着整天做功课，学习压力大。其中有孩子写道：妈妈是"母老虎"，每次出去玩总被她准确地堵回来；妈妈是"变色龙"，考了满分她睡着都会笑醒，考差了就会大发雷霆；妈妈是"河东狮"，看一会儿电视她就会发作。这样的形容肯定是那些为孩子殚精竭虑的母亲所始料未及的。该报评论称，母亲在孩子心中的形象被妖魔化了。

被自己的孩子妖魔化，作为妈妈，谁都会很寒心。妈妈们可能会觉得委屈：都是为了孩子好，孩子为什么不领情?

我相信那些被自己孩子"妖魔化"了的母亲不是不爱自己的孩子，只是面对现实压力，爱的方法有些失当罢了。可以说，母亲要求孩子好好学习，陪送孩子参加各种补习班，要求孩子少看电视多看书，少玩甚至不玩游戏，多在学习上花时间，这当然都是因为爱，是因为家长面对激烈的社会竞争，为孩子的前途考虑。但是，反过来说，这样的爱是不是孩子真正需要的?这样带着功利的爱是不是本身就有问题?

什么是真爱？我认为以功利的目的来表达自己的爱，或者说要孩子以学习成绩作为条件来交换对孩子的爱，这些都不是真爱。真爱是没有条件的。所谓真爱，就是把孩子当成真正的人，尊重其人格，满足其需要，引导其发展，而不求私欲之利。真爱，就是真正对孩子有益的爱，是以孩子为本的爱，而不是功利的爱，不是让孩子拿高分数和高名次来交换的爱。只有真爱，才会让孩子刻骨铭心，终身受益，而功利的爱极有可能引发危机，引发一种成长隐患。

父母生了孩子，就有了爱的责任，这爱的唯一目标，应该是把孩子培养成一个身心健康和人格健全的人。因此，除了学习，在孩子的成长中，还要注意对其体魄、品德、价值观等方面的培养。单一注重学习的教育，培养出来的孩子并不能真正适应未来生活，因为他们的独立性、动手能力、与人交往和合作能力等不强。我们一直说的“高分低能”这个词正好能鲜明地形容这种缺陷。还有人认为“高分低能”是独生子女的通病，把原因归结为“独生”，这是一种误解。

事实上，任何一个孩子，无论是独生还是非独生，作为“自然人”来到世上，并没有很多本质的差异，而是在后天的社会化过程中，由于父母的教育和环境的影响，才形成了不同的人格品质和能力。

13 岁男孩说“遗传”

许多父母认为，现在的独生子女有一个毛病，就是懒。有的孩子五六岁了还不会自己穿衣服，上小学了还不会收拾书包，上中学了还要妈妈梳辫子……懒是孩子天生的毛病吗？其实，孩子的懒是后天养成的，因为孩子的许多事都由大人代劳。在有些父母看来，孩子的唯一任务就是学习，学习好是成材的唯一条件，而劳动似乎是孩子的负担，参加劳动必然影响学习。孩子的学习，父母不能代替，而孩子的劳动，哪怕是自理性劳动，也就往往由父母来承担了。

在许多父母的眼里，孩子永远是孩子，总要在父母的呵护之下才能长好。孩子扫地怕扫不干净，孩子洗衣服怕洗不干净，孩子搬东西怕累着，孩子烧水怕烫着，动辄嫌孩子笨，动辄就不耐烦。有些能干的父母经常说：“小毛孩能干什么？别给我帮倒忙，不用你插手！” 正是父母的替代、包办让孩子失去了劳动锻炼的机会。长期下去，孩子能不变懒吗？

1991年8月，我采访参加首届中日少年海岛探险夏令营的北京营员：“你们与日本孩子相比怎么样？”一个13岁的男孩坦率地说：“不如他们勇敢，也不比他们能干。”“这是为什么呢？”听我这么问，男孩脱口答道：“遗传呗！”见我愣住了，他解释说：“爸爸妈妈为了让我上一个好学校，让我住在姥姥家。姥姥有‘三不准’：刀不准动，电不准动，火不准动。我长这么大，连火柴都很少划，‘家炊’都不会，怎么会野炊呢？”

对这个男孩的回答，我印象很深，他以“遗传”二字来形容家人对自己的关爱，其实也一针见血地评论了家人的溺爱养育，可谓入木三分。

时隔多年，这一“遗传”现象似乎仍没有发生多大改变。

在和父母们交流的过程中，我不断发现许多父母溺爱孩子，大到学习、交友，小到吃喝拉撒，什么都要管，什么都想知道，不给孩子一点自由，使孩子失去了独立思考和发展的空间。结果却是孩子由感恩变成了腻烦，甚至对父母由爱变恨。

表面上看，溺爱似乎是为了孩子好，实质上这是不了解孩子也不尊重孩子的典型做法，是对儿童意志与权利的一种剥夺。可是，极少有父母想到这一层。按照《儿童权利公约》的规定，儿童是一个权利主体，拥有包括姓名权、健康权、受父母照料权、娱乐权、闲暇权、隐私权、表达权等几十种权利。如果父母以爱孩子的名义来限制孩子交友，禁止孩子玩耍，不让孩子参加娱乐活动或体育活动，偷看孩子的日记或短信、邮件等，都已经侵犯了孩子的权利。

我曾提出一个观点，真爱是衡量一个父母与教师是否合格的标准。

人之所以成为人，离不开真爱。每一个孩子的成长都离不开父母给予的真爱。只有在真爱的关怀下，孩子才能领悟爱的真谛，才能学会如何爱他人，爱父母，懂得爱，付出爱。

教育是爱的事业，可爱心既能造就未来，也能葬送未来，只有在孩子的心里播下真爱的种子，才是人类真正的希望所在。真爱的种子就是真爱的教育。因此，当您准备在孩子的心田播种的时候，请务必问自己：这种子是真的吗？假种子坑农民、毁一季，假种子坑孩子、毁一生！

作为父母，要用真爱来点燃孩子心中爱的火花，我的建议是：

给孩子无私的爱。当您给孩子提供各种好条件时，首先要想一想，您是否有私心？您是否希望孩子借着这个条件达到您所需要的某个目标？当然，要父母根本没有目标也是不可能的，关键是父母要端正心态，要想好如果孩子没有达到您所设定的目标，您将怎样对待他？如果孩子考试考得好，您就给孩子一张笑脸，孩子成绩不好，您的脸就冷若冰霜，这说明您对孩子的爱不是无私的，是有条件的。

给孩子理性的爱。给孩子无私的爱，并不意味着孩子的所有一切家长要全部包办，对孩子过度保护。现实中，有的父母总是觉得孩子的一切事务都是自己的责任范围内的事情，因此不允许孩子有自己的朋友，怕孩子受别人欺负；不允许孩子有零花钱，怕孩子上当受骗；不允许孩子使用火柴和剪刀，怕孩子伤了自己……这些爱都是不理智的。父母要尊重孩子，适当地对孩子放放手，不要对孩子管得过严过细。如果您非要强制孩子一切按您的规定办的话，这样的生活对孩子而言几乎和牢狱没有什么不同。所以，务必尊重孩子，让孩子多一些自己的选择和安排。

给孩子需要的爱。什么是孩子需要的爱？就是把孩子当作一个真正的人，尊重和引导他走向成熟。如当孩子摔了跤，不是禁止他继续往前走，也不是抱着他走，而是鼓励他站起来，自己向前走，让他学会自立，拥有独立生活的能力。因为孩子由“自然人”到“社会人”的转变过程，就是一个走向独立的过程，这个成长的过程是不能被剥夺的。

孙云晓
生活感悟

1. 对孩子光舍得花时间是不够的，还要看如何陪伴，因为亲子时间质量比数量更重要。比如，是否理解孩子，是否尊重孩子，是否与孩子一起做游戏和运动等活动。父母最容易对孩子说的话就是“我爱你”“我是为你好”，却可能忽略一个重要的前提——尊重。真正的爱恰恰是以理解和尊重为前提的。

2. 为什么说爱孩子的前提是理解和尊重呢？因为只有理解和尊重，才能使孩子成为主人，而这是教育的必备条件。所谓教育就是一句话，让人成为真正的人。儿童像奴隶一样生活，或者像机器一样生活，无论成绩多么优异，都难以成为真正的人。因此，即使惩戒孩子，也应以维护人之尊严为目标。

3. 教育的秘诀是真爱而不是感恩。鲁迅指出，“只须‘父兮生我’一件事，幼者的全部便应为长者所有”是非常荒唐的，特别是“因此责望报偿，以为幼者的全部理该做长者的牺牲”就更其堕落。他认为两代人之间的关系，主要是“爱”，不是“恩”，独有“爱”是真的。亲情不宜变为利益交换。

4. 为什么说没有尊重就没有教育？因为不能唤醒生命的自觉自主，就没有真正意义上的教育。教育是一种服务，或者说是为生命助力，而绝不是什么塑造。蒙台梭利说，一旦父母能说服自己不充当塑造者，而只在建构的过程中从旁协助，便更能履行父母的真正职责，这样的协助才有真正的价值。

5. “没有爱就没有教育。”这句教育名言几乎无人反对，每个人对它的理解却大不相同。什么是对孩子真正的爱呢？教育家顾明远先生认为，爱首先是要尊重与相信孩子，即尊重孩子的基础，尊重孩子的需要，尊重孩子的人格。或许还可以补充一句，要相信孩子是好的，是聪明的，是不断成长的。

第二节　生活教育需要营造良好的家庭关系

家庭的本质是家庭关系，学会妥善处理家庭关系是家庭生活教育的核心内容，也是习惯养成的重要条件。

一、父母的解释风格

很多父母都有这种困惑：我跟孩子讲了很多话，他就是不听；我都是为他好，他就是不理解。不起作用的原因可能不是讲得不对，而是亲子关系出了问题。教育之所以伟大，是因为它是一种理性的爱。家校合作要引导父母进行科学的家庭教育，其中要特别注重父母的解释风格。父母的解释风格可以分为积极的解释和消极的解释两类。积极的解释引发孩子的自信和乐观，消极的解释导致孩子的悲观和绝望。比如，孩子数学没考好，有一些父母就会简单粗暴地说："你笨死了，什么都学不好，将来就是扫大街、喝西北风的料。"有的父母表现得似乎很包容，会说："孩子，你为什么学不好数学？因为爸爸妈妈都没有数学细胞，所以咱家人学不好数学是正常的，别难过。"后者听起来很温柔、很理解孩子，但它是一种消极的解释，也是错误的解释，没有科学根据。积极心理学创始人马丁·塞利格曼教授认为，孩子是否能够形成积极乐观的品格，关键在于父母的解释风格。当孩子成功时，父母可以说，只要方向正确，努力就可能成功，成功是努力的结果；对失败事件，父母可以将其解释为失败是暂时的，是特殊情况，并不是因为孩子不够好。

什么是好的关系？面对这一问题，我的回答是：相互尊重、相互理解、相互信任、相互帮助、相互学习。底线是当孩子遇到麻烦和危险的事情时，看他是否敢告诉父母；高线是当孩子发生严重错误的时候，父母是否敢惩戒孩子和孩子能否主动承担责任。

二、别人家的小孩

我经常感慨儿童是研究成人的“专家”，让我们用一首儿童的诗来说明。在第三届少儿诗会征文比赛中，江苏小学生邢佳嘉的《别人家的小孩》荣获一等奖。她写道：

妈妈
在您的口中
住着一个别人家的小孩
她练琴不倦
拿奖拿到手发软
她奥数天才
没有难题解不开
她乖巧可爱
从不给您添麻烦

哈哈，妈妈
告诉您一个秘密
在我的心里
也住着一个别人家的妈妈
她酷爱锻炼
总保持完美身材
她厨艺精湛
常烧出精美小菜
她善解人意
从不絮叨和唠烦

其实

我俩都很平凡
但我们依然
是彼此的最爱
让我们多一些忍耐
用浓浓的爱
将小小的缺点冲淡

我在讲课中有时会引用这首小诗，发现许多父母的眼中闪耀着泪花，因为他们被深深地触动了。孩子是如此聪明，又是如此懂事，我们真该反省一下自己了。

亲子关系是家庭教育的生命线，父母跟孩子的关系是好的，教育就可能是成功的；父母跟孩子的关系是糟糕的，教育很可能就会失败。家庭关系越好，越有利于培养孩子的健康人格和良好习惯。

孙云晓
生活感悟

1. 在家庭关系中，最重要的是夫妻关系，其次才是亲子关系，有好的夫妻关系才会有好的亲子关系。蒋佩蓉在《佩蓉的妈妈经》中提出，丈夫第一，孩子第二。实际上，夫妻关系是亲子关系的基础和导向。明智的父母会以良好的夫妻关系带动亲子关系。

2. 夫妻关系是家庭中最重要的关系，也是对家庭教育影响最深刻的关系。因为儿童的学习具有观察性的特点，儿童的文化具有模仿性的倾向，而父母就必然成为孩子观察和模仿的对象，父母之间的关系会影响孩子的一生。父母吵架可能会让孩子以为父母要离婚，甚至产生无家可归的恐慌。

3. 教育的智慧在民间是一个真理。读王文杰的《教子金典》，我收获颇多，如发现33个教育成功的家庭有一个共同特点，父母都是在幼儿阶段就给孩子立规矩、培养好习惯，坚持到底的结果让教育变得轻松顺利。作者采访后归纳教育成功的原因还有家庭和谐、舍得花时间陪孩子、尊重孩子、用心爱孩子、家庭关系良好等。

4. 关系好，教育才有效。连年的三好学生怎么成了抢劫杀人的罪犯？服刑13年，已经30岁的陈宇（化名）回忆认为，一是缺乏父教并与父亲对立，二是被高年级学生劫钱后也去劫别人的钱。他说，与父母缺乏沟通是自己最大的问题。在青春期的时候，别以为自己多么有主见，父母的话往往都是对自己最好的。

5. 亲子关系是家庭教育成败最关键的环节。许多父母对孩子很纠结：离开你，我会孤单；靠近你，我会受伤。听台湾地区的培训师谢慧燕讲亲子关系令人有很温暖的感觉，她说人活在关系中，关系是人生最重要的生命学分。美国史丹福研究中心甚至认为，一个人的财富，12.5%来自知识，87.5来自关系。

第三节　与孩子共享晚餐好时光

“与孩子共享晚餐好时光”，这个美好的瞬间可能很多人都想不到，家庭教育中有这么多重要的问题，怎么会突然提到了晚餐，晚餐有那么重要吗？非常重要，晚餐对家庭非常有意义，与孩子的成长关系很密切。

专家的研究发现，能够经常和父母一起吃晚餐的孩子，心理健康的比例高，如果不能够和父母经常吃晚餐，孩子心理健康的水平低。

我们中国青少年研究中心有一个调查，发现一周之内能够每天都跟孩子一起吃晚餐的母亲只有64.8%，还有10.8%的母亲一周跟孩子一起吃晚餐的次数少于四次。对于父亲来说，情况更为严重，能够每天都跟孩子一起吃晚餐的父亲只占45.6%，也就是说一半以上的孩子都不能每天跟父亲一起吃晚餐，而且有15.8%的父亲一周跟孩子一起吃晚餐的次数少于四次。[①]现在越是成功人士，跟孩子吃晚餐的时候越少。这是一个需要注意的问题。

有的人说，不跟孩子吃晚餐没关系吧，孩子可以跟保姆吃，跟老人吃，或者我多给点钱出去吃也行啊，爱吃啥吃啥。但研究发现，经常不跟父母吃晚餐的孩子，他的情绪容易变得烦躁、富有攻击性；而经常和父母一块吃晚餐的孩子，一般情绪比较稳定。大家可以想想看，当我们小时候在房间里学习或玩耍，听见爸爸妈妈在厨房里叮叮当当做饭，那种感觉是很幸福、很安全的，是不是？你会觉得生活很稳定，家庭真像个港湾，心里会很满足。所以，对于父母来说，应该尽可能地推掉不必要的应酬，尽量多地和家人相聚。

① 中国城市少年儿童生活习惯研究课题组．中国城市少年儿童生活习惯研究［EB/OL］．（2005-3-10）http：//edu.sina.com.cn/l/2005-03-10/104748.html.

一、餐桌训子害处多

那么，晚餐该怎么吃？

很多父母容易犯的一个毛病叫“餐桌训子”，而餐桌训子害处多。父母都是爱孩子的，把饭菜做得很可口，孩子过来一看，这么好吃，真高兴，便大口大口地开始吃了。这个时候，有的父母看着孩子，又高兴，又郁闷，想到孩子的问题就来气了：“你还有脸吃？你看看你学习那个差，我到你们学校每次开家长会都要挨老师说。”孩子不说话了，胃口也差了，想着赶快吃完走人吧。可父母一看，脸皮这么厚，说你还没有反应，那得说点更狠的：“你这样下去将来啥都不成，就喝西北风吧，你还吃什么吃！”说着说着就把孩子说哭了，说哭以后父母又说：“算了，别哭了，快吃饭吧。”可一家子人胃口都变差了，谁还有心思吃饭呢？这样吃晚餐的次数多了，孩子可能会得胃病。

其实，没有父母想让孩子生病，但是父母的这种做法就特别容易让孩子得胃病。为什么呢？人在恐惧悲伤的时候，胃液分泌很少，所以不容易消化食物。科学家做过一个实验，给狗扔一块肉骨头，它很高兴，就开始啃这个骨头，通过胃窥镜观察知道这个狗的胃液分泌很多，消化得很好。然后把一只猫扔在它的旁边，狗就把骨头放下了，对着猫发威。这个时候，狗的胃液不分泌了，因为狗很愤怒，它也吃不下去了。

人在吃饭的时候，需要良好的进餐氛围，保持良好的食欲，才能正常地吸收和消化。从精神的层面来讲，我要给父母们一个特别的提醒：餐桌训子害处多。有天大的不高兴的事，也请放到饭后一小时之后再说。父母应该想方设法让孩子愉快地进餐，可以放点轻音乐，再聊一点开心的话题，即使孩子犯了很大的错都不要提，先好好吃饭。

孩子缺点多，他心里一定有感觉，但是他觉得父母这么喜欢自己，做饭这么好吃，这么开心，他就会慢慢地反思。他觉得幸福，就会对这个家产生依恋，对父母产生依恋，这种家庭环境是他成长发展的支持力量，这是最重要的力量，对孩子的健康成长能够起到潜移默化的效果。

还有什么比孩子对父母的依恋更有利于教育的？如果孩子觉得家是可怕的地方，餐桌是一个受难的地方，那他还喜欢这个家吗？还想回这个家吗？孩子不愿意回家就麻烦了，不愿意跟父母待在一起就更麻烦了。

当孩子青春期的时候，如果父母发现跟孩子沟通很困难，就更需要尽量营造愉快的环境，与孩子轻松地相处。所以共享晚餐好时光既体现了父母的爱，也是父母的教育智慧。教育是一种大爱，教育的痕迹不是越浓越好，而应该是了无痕迹。就像泰戈尔的名句："天空中没有翅膀的痕迹，但鸟儿已经飞过。"父母要学会收放自如。

一个小学生说："要是我成绩不好，我妈虽然会让我吃饭，但她不理我，餐桌上一句话也不和我说，有时连续几天都是这样。所以我吃饭时也没有食欲，心里特别难受。"

这不是折磨人吗？我不理你，你自己吃吧。孩子很敏感，他们是研究大人的专家，孩子对父母的一举一动都很关注。有的妈妈也说了，孩子明明在一边玩得很热闹，但是一旦谈到跟他有关的事情，他马上就能进来插话，孩子的耳朵就像雷达一样非常敏感。

还有一个小学生说："饭桌上只要父母一查我的学习情况，我就饱了，什么也不想吃。可他们偏偏在这个时候问个没完没了，想要查个水落石出，好像存心不让我吃饭似的。"孩子学习不好，他自己也不开心，也难过，谁不想学习好啊？可是学习好也不是一朝一夕的事，在饭桌上问他这样的问题，他怎么能有愉快的心情？

中医有两个理论对儿童教育有启发，第一叫固本，第二是扶正祛邪。父母让孩子在家里共享晚餐好时光，会让孩子觉得家里真温暖。"父母对我这么好，虽然我学习不太好，但父母还是面带笑容对待我，我一定要反思。"孩子一定会有自己的想法，但关键是父母一定要宽容、大度，这就是爱的体现。孩子要是饭都吃不好，得胃病了，导致身体不好，将来一生都痛苦，这显然不是父母想要的结果。

让我们来分析下面这个案例。

一天早晨，一个妈妈带着女儿到一个快餐厅吃早餐，由于临近上班高峰和学生上课的时间，餐厅用餐人数较多，大家都在排队。

为了节省时间，妈妈就安排女儿排队，自己先去占座位，而等妈妈占完座位回到队伍时，发现女儿前面的队伍里多加了一个人。于是这个妈妈勃然大怒，开始当着大家的面对女儿大声责骂：“你怎么这么没用啊？排个队都不会排！怎么前面会插进一个人呢？你不会跟紧点啊？”

我们来分析一下这个妈妈的心态，她的愤怒是针对女儿的吗？实际上不是，她真正生气的是前面插队的人，但她不敢去直接骂前面插队的人，心中怒火又无处发泄，就把气撒到了女儿身上。到最后是孩子无端受一通责骂，郁郁寡欢，连早餐都没心情吃了，这不仅影响了孩子一整天的心情，更会影响孩子的身心健康。

所以父母要有这样的意识：只要孩子能够愉快地进餐就是好的教育，就是向着积极的、和谐的方向发展。

那么怎么做到更好地享受晚餐好时光呢？我提供一些参考建议：第一，在餐桌上不要去询问孩子的学习情况，家长可以在饭后一小时再和孩子聊有关学习的话题。第二，餐桌上要谈一些愉快的、轻松的话题。其实成年人也有这种感觉，饭桌上谈一个很沉重、很伤心的话题，你也没有食欲。如果有条件，播放一些舒缓的、柔和的背景音乐更好。第三，在吃饭的时候，不要让孩子在餐桌上看书、看手机、看电脑、看电视。除非是在特殊情况下，比如奥运会开幕，或者是有重大新闻，一般的情况下最好是专心吃饭，因为看电脑或电视时，孩子的注意力会集中在画面上，吃什么也不在意，跟别人交流也不在意，还抑制了胃液的分泌。在家里吃饭，一定要保持舒适、温馨、随意等特点。

二、母子协议

有个四年级的男孩子提出了一个很好的建议。他妈妈在餐桌上老是说学习，他就抗议说：“妈妈，你能不能不要在餐桌上说我学习的问题，要不咱俩签一个协议吧。”妈妈问什么协议，他说：“我保证好好学习，按时完成作业。妈妈你要保证不在餐桌上说我的学习问题。行不行？”妈妈说：“行啊，只要你自觉就行。”儿子说：“咱们还得有惩罚条款，谁要是违反了约定，就得爬楼梯上下楼一趟。”他们家住 11 层，走到楼下再爬上来还是挺累的。孩子为什么提这个呢？因为妈妈比较胖，需要锻炼，他也比较胖，也需要锻炼。他妈妈想了想说行，就签了一个协议。

开始妈妈很注意，但有一天就真忘了，又开始数落孩子的学习，孩子说老妈违规。他妈妈服输愿罚，果真去爬楼梯了。通过这样的一个协议，亲子关系得到了改善，儿子真的比以前自觉了，妈妈当然也控制住了自己的唠叨。

我讲这个案例，就是想说，其实能够进行谈判的家庭是现代家庭，不要还和以前封建家庭似的，父母说什么是什么，而孩子没有发言权。父母可以跟孩子共同探讨如何解决某些问题，甚至可以签订某种协议。这样的话，孩子会觉得自己的权利得到了保障，真正是家里的一个平等的成员了。谈判和协商同样会促进孩子学会自我管理。家庭教育绝不只是大人教育孩子，而应该是全家人共同成长，其中当然就包括了两代人相互学习，共同承担一些责任。

现在很多家庭碰到了一些难题，比如说孩子沉迷网络、有暴力倾向等，专家认为，最有效的方式是家庭治疗。而很多父母一旦觉得孩子出了问题，就老想着该把孩子送哪儿去训练训练。我们在探讨青少年沉迷网络问题时发现，如果这个家庭的关系不好、缺乏交流、缺乏理解、管教方式不当，而且这种家庭环境不改变的话，孩子即使去各种机构治疗几个月，回来后也容易复发。所以说，家庭里产生的很多问题，要想完全解决掉，比较有效的方法就是家庭治疗，一家人相互给予积极的支持和影响，共同向着健康的方向去发展。

孙云晓
生活感悟

1. 良好的家庭环境会让孩子有轻松感和温馨感。比如，孩子离家和回家都要和家人打招呼，家人也要热情回应，如能养成拥抱的习惯更佳。特别需要提醒的是，家庭谈话不应以学习问题为主，而应当以生活为主；不宜在餐桌上训斥孩子，餐桌训子害处多，让孩子愉快进餐就是好的教育。

2. 基础教育绝不仅仅是知识的基础，更是人生的基础，这是顾明远教授的核心观点。据唐辛子介绍，日本小学生放假前会带回家一份《努力度自我确认表》，14条标准中有能否做到早起早睡、一日三餐都好好地吃饭、不挑食、没有忘记随身携带手绢和纸巾、在户外精神百倍地玩耍等，居然不谈学习。

第四节　以儿童利益为先，减少离婚对孩子的伤害

一旦出现要离婚等家庭问题，一定要把孩子的健康成长放在重要的位置，不要不管不问。因为离婚而完全忽视了对孩子的影响，可能会使他们在碰到一些挫折时雪上加霜。

近些年来，中国出现了离婚率上升的趋势，因此单亲家庭怎样面对孩子的教育问题也越来越多地凸显了出来。有关的父母需要注意，即使离婚也要以儿童利益为先，不可在孩子心里播种仇恨。

一、不可在孩子心里播种仇恨

事实说明，单亲家庭一样可以把孩子教育好。夫妻离婚有各式各样的理由，在一些重组的家庭，孩子也能够健康地成长，虽然这不容易。这其中就有一些规律性的问题，特别值得我们来借鉴。

最需要防止的是什么呢？就是一旦出现要离婚等家庭问题，一定要把孩子的健康成长放在重要的位置，而不要不管不问。因为离婚而完全忽视了对孩子的影响，可能会使他们在碰到一些挫折时雪上加霜。

在父母离异后，孩子一般会跟随父母中的一方生活。由于各种原因，比如说孩子跟着妈妈生活，那家里就可能会有人跟孩子说："都是你爸爸的错，男人没有一个好东西，是白眼狼，要不然你爸妈不会离婚，不会害得你没有爸爸了。"有的孩子是跟着爸爸生活，这家里也可能会有人说："孩子你可记住了，女人都是狐狸精，你那妈可是不安好心、水性杨花的人，她就不想好好过日子，才让你没有了妈妈。"人在愤怒的时候，什么偏激的话都可能说出来。其实离婚的夫妻可能都是好人，但还是会因为有一些难以调和的矛盾而离异。问题在于，家人或朋友光顾着自己发泄怨气，

却没有考虑对孩子的消极影响。这样导致的结果是什么呢?

实际上就可能让孩子对爱情、对婚姻都没有信任感。因此，这种离异家庭的孩子很有可能将来爱情不顺利，婚姻也不稳定。这就是一种扭曲和伤害。

离婚率的上升还催生出了一种奇怪而无奈的家庭组合模式，即“隐离家庭”。所谓的隐离家庭就是离婚夫妻向孩子或家人隐瞒离婚的事实，他们有的是因为不知道如何向孩子说明；有的是怕影响孩子的性格和学习；也有人仍对失败的婚姻抱有一丝丝希望，期望在“隐离”中能与对方重修旧好；还有的夫妻是因为双方只有一套住房，离婚后不得已仍旧住在一起。

2013年5月15日是国际家庭日,《广州日报》对隐离家庭做了一个报道，新闻中有一个案例：林先生和前妻李女士都是公务员，两人三年多前就办理了离婚手续，林先生还从家里搬了出来。因为不知道怎样跟孩子交代，怕他无法理解，又担心影响他的性格和学习，所以选择了对孩子隐瞒离婚的事实。当时他们的儿子刚满5岁，于是他们就对孩子说，爸爸换了工作地点，离家太远，所以周末才回来。每逢周末，一家三口多数时间都一起度过，而一直维持这状况，令夫妻双方都感到非常痛苦。两个人就是因为性格不合才离婚，但每周末还要在儿子面前假扮恩爱，弄得双方都很难爱，而且儿子长大了，越来越难隐瞒。

很多隐离家庭在最终向孩子说明离婚状况时，常常选择向第三方求助的方式，在一项调查中，选择请祖父母、外祖父母或其他亲友代为告知的受访者占了七成，有些甚至让孩子的老师来帮助向孩子解释离婚的事情。

实际上，父母向孩子“隐离”的初衷都是为了孩子好，但孩子年龄越大，这种“隐离”对他的伤害可能就越深。离异父母正确的态度是根据孩子的理解力和年龄，适时适度并客观地告诉孩子事情的真相；最核心的原则是让孩子感受到父母对他的爱,父母离婚不是他的错,他的生活可以继续，他可以很好地长大。

有一个年轻人跟我聊天，他有一个朋友就是重组家庭，朋友的父母在二十多岁的时候就认识，但后来因为种种原因没有结合成，各自都结婚了。又过了十多年，两个人都离婚了，他们又一起组建了新的家庭，男方带了一个儿子，女方带了一个女儿。但别人根本感觉不到这是一个重组家庭，因为他们彼此非常恩爱，非常信任，哪一个孩子有什么成绩都会成为全家的骄傲。

离婚当然有不幸的一面，但是它也是治疗婚姻创伤的一种方法，所以应该对过去的婚姻有一种公正的评价，应该对过去给予理解，并能够积极向上地重视未来的生活，特别是在孩子的问题上一定要慎重，尽可能让孩子避免受到成人所波及的伤害。

生活中发生的一切变动，最容易受到影响的往往就是孩子。一项关于儿童自杀的调查发现，儿童自杀的前三个原因，第一是学业压力，第二是父母离婚，第三是恋爱问题。对孩子最大的伤害也许并不完全是父母离婚的结果，而是离婚的过程，特别是父母之间的冷战或热战，就可能让孩子产生家要崩溃的那种危机感。在父母争斗的过程中，孩子成了惊弓之鸟，每天战战兢兢的，备受折磨。

二、《克莱默夫妇》的魅力

有一部获多项奥斯卡大奖的电影《克莱默夫妇》，给我留下了非常深刻的印象，这部电影是反映单亲家庭问题的杰作。

主人公泰德是一个广告商，整天忙碌而无暇照顾妻子乔安娜和六岁的儿子比利。终于有一天，厌倦了丈夫终日忙碌的妻子乔安娜无法忍受这样的生活，抛下丈夫离家出走了。

生活一下子就乱套了，泰德由于没有办法兼顾繁忙工作和照顾儿子，经常导致上司和儿子两方面都不满意，幸亏有一个邻居帮忙，总算能够对付过去了。泰德跟他儿子两个人相依为命，渐渐地就密不可分了，儿子很幸福，父亲也很开心。但是有一次玩单杠时，儿子不小心掉了下来，把眼睛弄伤了，父亲抱着孩子往医院跑，手术的时候他也紧张地守护在儿子身边。

转眼就一年多过去了，泰德忽然接到了乔安娜的电话，约他在一个小饭馆见面。现在的乔安娜已经有了很好的职业，是收入丰厚的设计师，她这次来纽约是来找泰德要比利的抚养权，两个人不欢而散。乔安娜就找律师打官司，要争取抚养权。

就在打官司的时候，泰德不幸失业了，失业之后他又千方百计找了一份工作，因为他知道如果没有工作，他争得儿子的抚养权的机会就更小了。

结果在法庭上，双方的律师争得很厉害，乔安娜的律师说泰德照顾不周，曾经让孩子从单杠上掉下来，受过伤。这个时候，泰德很无助地看了一眼乔安娜。他们两个人有过约定，他必须把孩子照顾得很好，不应该有过失。乔安娜也很自责，觉得律师不应该在这个时候拿这个理由来伤害他，也很歉疚地看了他一眼。最后因为这些原因，法院把孩子的抚养权判给了乔安娜，泰德非常无奈。

这个时候别人跟泰德说，你还有希望，你只要让你的儿子出庭，出来证明一下："妈妈离家出走，她不爱我。""我爸爸是很爱我的，照顾我是很好的，那次是我自己不小心。"这样你就可能争回你的抚养权。我觉得整部影片最感人的就是这一幕：泰德放弃了，因为他不忍心让儿子在法庭上指责他的母亲，让孩子陷入父母之间的法律争执，增加孩子的痛苦，于是他断然地放弃了申诉。

败诉后，泰德跟儿子一起生活的时间很快就要结束了。分开的那一天，他和儿子做了最后一顿早餐。就在这个时候，影片又出现了一个高潮，乔安娜打来了电话，说她改变了主意，不再要求抚养权，他们父子俩可以在一起了。儿子和父亲都很开心，紧紧地拥抱在一起。

这部电影让很多人落泪。其实最让我感动的地方就是不管怎么样，父亲母亲都是爱孩子的，都以孩子为首要考虑对象。当父母爱孩子爱到那个境界的时候，为了不让孩子的美梦破灭，不伤害孩子的情感，父亲宁肯自己不能如愿，也不让孩子走上法庭去指责母亲，这个细节感动了全世界无数的影迷。这说明什么？爱是最动人的。

之所以详细评说这部影片，是想说我们在发生夫妻离异问题的时候，一定要优先考虑到孩子的利益。我知道有些地方在积极探索，例如在离婚之前，先参加一个由法院和妇联主办的“为了孩子”父母学校的活动，活动内容主要是了解孩子教育的重要性等。上海长宁区等地区的实践证明，通过这样的一些活动，有很多人放弃了离婚的念头。

三、重组家庭如何成为爱的港湾

每个人都渴望拥有美好的生活，而生活却充满了矛盾，唯有温暖的爱才有幸福的家。在组织家庭教育学术活动的过程中，有一个积极参与的身影进入我的视线，她就是湖南省岳阳市婚姻家庭研究会会长闫玉兰。她所贡献的主要不是理论观点，而是她的实践经验，即再婚家庭如何化解矛盾，创造幸福生活。

闫玉兰当年进入新婚之门时，丈夫已有一个 9 岁的女儿。纯朴的婆婆为难地介绍，说孩子很任性，比较难带。闫玉兰果然发现，这女儿脾气性格强势，随时发火，谁也不怕，生活自理能力却很弱，不会剥鸡蛋壳，不会倒开水喝，晚上睡觉要有人帮忙脱衣并拍着入睡。闫玉兰耐心陪她、哄她，她仍会脸色秒变，发火时甚至会说：“我要是皇帝，早杀你头了！”

女儿习惯高声说话，和父亲讨论作业像在吵架，老公说这是老毛病了，改不了，吵完就会好。闫玉兰却说：“这就是问题根源，不怪女儿，但不好好说话是个大缺点，必须要改掉。”最终的结果让全家人惊喜，她只用两个月就帮女儿改正了这个缺点。

闫玉兰的做法是从不批评，甚至没说教过女儿一次。假如她说：“高声讲话不文明，需要改。”女儿一定会反驳：“这是我家，不要你管，我想怎么讲就怎么讲。”闫玉兰的妙法是从自身做起，无论女儿多么高声对待她，她始终温柔低声回应，且把女儿的问题完美解决好，同时让丈夫和婆婆也坚持这么做，有意让家里形成轻言细语、温柔相待的家风。女儿一人高叫，见总是无人对应，慢慢声音就降下来了。一个多月后，女儿表现稳定，闫玉兰抓准时机突然表扬女儿，说她本身就是个文静优雅的小女孩，还要向班主任汇报。女儿很开心，逐渐把“好好说话”养成了习惯。大家说闫玉兰创造了奇迹，她却说，其实很简单，就是改变家风，有什么样的父母，就有什么样的孩子，不需说教。

婚后，闫玉兰生了一个儿子，姐弟俩相差十岁，这自然是一个教育难题。闫玉兰坚持把大女儿放在第一位，小儿子放在第二位，不让女儿有丝毫失落感。有段时间，小外甥在她家寄读，两个男孩相争，闫玉兰也是劝儿子让小哥哥。女儿不干了，说：“妈妈你太不公平，他比我弟大5岁呢。”她轻轻告诉女儿：“他的父母不在身边，我怎么能对他说：‘你给我的儿子玩，你别玩了。’再说你比弟弟大10岁，我不也是一直劝弟弟让着你吗？”这一下，女儿愣住了，眼里慢慢涌出泪水，她扑在妈妈的肩上说：“妈妈你太善良了……”

闫玉兰的专著《温暖的爱　幸福的家》出版时，我欣然为她写推荐语，就是因为她以智慧之爱融化了女儿心中的寒冰，证明继母也可以成为慈母。何为智慧？带动家人以温柔低声回应女儿高声、以重视老大来化解老大的失落心理等，对许多父母而言这些做法都值得借鉴。家庭矛盾乱如麻，究其根源是缺乏真爱，闫玉兰以温暖的爱创造出一个幸福的家，这是家庭生活教育的真本领。所以，他们的家被评选为全国的“最美家庭”。

孙云晓
生活感悟

1. 一切都是从童年开始的，可是许多父母恰恰忽视童年的养育，导致孩子一生的困扰。在与心理学专家杨凤池教授讨论时，他说，孩子3岁前不在父母身边，或交给老人，或交给保姆，这样生活的孩子很难有安全感，而监护人不稳定可能导致孩子怀疑一切，人际关系糟糕，甚至未来离婚可能性上升。

2. 夫妻关系融洽最有利于孩子成长。家庭最本质的关系就是夫妻关系，一旦失去了融洽的夫妻关系，孩子也就失去最可靠的保障。爱情与婚姻是人类生命链条最关键的环节，只有爱才能给自己带来心灵的幸福，也只有爱才能给孩子真正的幸福。

3. 今日父母需要什么样的教育行为规范呢？底线是生了孩子就要养育，而养育就需要陪伴。例如，孩子7岁之前，父母尽量不要离开。父母要给孩子做榜样，不能在孩子面前吸烟、赌博、打人、骂人，不可在孩子面前冷战或热战。

第三章

美好人生需要哪些“生活技能”

童年时代会做家务的孩子和不会做家务的孩子差别很大。会做家务的孩子更有责任心，更有独立性，生活得更幸福。

“儿童需要生活教育。”这句话听上去好像没有什么新意，但仔细想想又觉得似乎是一个新问题。因为我们今天的许多家庭教育走进了误区，家庭注重的似乎不是生活的教育，而偏重于知识的教育，不少家庭变得像一个教室，父母也更像老师，最关心孩子的就是学习、学习、学习，分数、分数、分数。

我经常在想一个问题：家庭教育究竟是什么？我觉得，家庭教育的本质特点是生活教育。孩子首先要学会生存，学会生存就一定需要学会生活，而要学会生活一定需要有正确的价值观和良好的生活态度与生活能力，这样才能成为一个正常发展的人。

自 2020 年以来，防控新冠疫情的经历告诉我们，生活能力强弱在一定程度上决定了人们生存水平的高低。面对未来的挑战，家庭教育要为孩子的成长赋权和赋能，而特别重要的就是补齐生活教育的短板。只有学会生活，才能自理和自立，才能服务于社会。

第一节　在家务劳动中增长生活智慧

“人生两个宝，双手与大脑。用手不用脑，饭也吃不饱。用脑不用手，快要被打倒。手脑都会用，才算是开天辟地的大好佬。”

教育家陶行知的这首《手脑相长歌》告诉我们，双手和大脑在儿童发展的过程中起到同等重要的作用。尤其在注重个体全面发展的今天，劳动教育必不可少。

2018 年 9 月 10 日，习近平总书记在全国教育大会上强调：“在党的坚强领导下，全面贯彻党的教育方针，坚持马克思主义指导地位，坚持中国特色社会主义教育发展道路，坚持社会主义办学方向，立足基本国情，遵循教育规律，坚持改革创新，以凝聚人心、完善人格、开发人力、培育人才、造福人民为工作目标，培养德智体美劳全面发展的社会主义建设者和接班人，加快推进教育现代化、建设教育强国、办好人民满意的教育。”习近平总书记指出：“要在学生中弘扬劳动精神，教育引导学生崇尚劳动、尊重劳动，懂得劳动最光荣、劳动最崇高、劳动最伟大、劳动最美丽的道理，长大后能够辛勤劳动、诚实劳动、创造性劳动。”

2020年，中共中央、国务院印发了《关于全面加强新时代大中小学劳动教育的意见》，要求大中小学建立起一套完备的劳动教育体系，并把劳动素养评价结果作为衡量学生全面发展情况的重要内容。2022年5月，教育部正式印发了《义务教育课程方案（2022年版）》，将劳动从原来的综合实践活动课程中完全独立出来，并发布了《义务教育劳动课程标准（2022年版）》。其中，根据不同学段制定了整理与收纳、家庭清洁、烹饪、家居美化等日常生活劳动等学段目标。劳动教育的重要性与日俱增，其实施离不开家校社的协同合作，尤其是少不了家庭这一重要支点。

在家庭生活中，家务劳动是一种很好的劳动教育，不仅能够促进儿童身体各器官的协调发育，有利于动作技能的掌握，还可以让儿童在生活中去观察、分析和自主解决问题，促进认知能力的发展，理解人与人的关系，增长生活智慧。

一、生活实践智力是成长的基础

著名心理学家斯滕伯格教授在其《成功智力》一书中认为，分析性智力、生活实践性智力和创造性智力为三大成功智力，而三大智力的培养都离不开生活教育，特别是生活实践性智力与生活教育密切相关，具有不可或缺的基础性作用。

实际上，我们在平常生活中很容易发现，童年时代会做家务的孩子和不会做家务的孩子差别很大。会做家务的孩子更有责任心、更有独立性，生活得更幸福。所以，一定要让孩子做家务，而且养成做家务的习惯。可见，家务劳动并不是简单地让孩子“干活”，而是促进他们的体力与智力均衡发展，培养创新精神和实践能力，增强孩子适应生活的能力，为日后的社会生活做好准备。

2020年疫情期间，扬州的二年级小学生缪苇杭因做饭出了名，这个8岁的男孩在70天的假期里学会了做30多道菜。8岁小朋友掌勺当大厨，绝非易事。在日记里他写道：“第一次煎鸡蛋时，我的心怦怦跳，手抖得厉害，腿都站不稳了，差点趴了，就害怕把鸡蛋煎糊掉。”但随着坚持不懈的练习和爸爸的鼓励指导，缪苇杭逐渐熟悉了做饭的流程，掌握了做饭的技巧，慢慢从简单的煮饺子、煮面、煎鸡蛋到复杂的炒菜，例如做红烧鱼等。做饭过程中偶尔被烫伤，缪苇杭也非常淡定，自己用冷水冲或者拿冰袋敷，他认为这在厨房是正常的事情。从一个做饭新手到厨房小达人，缪苇杭不仅掌握了一项生活技能，而且收获了一种心智的成长，经历了日复一日的坚持，学会勤劳与自立，培养了良好的生活习惯和生活态度，增长了生活实践智慧。

父母要鼓励孩子参加家务劳动，抓住衣食住行等日常家庭生活，让孩子可以随时随地进行劳动实践。面对年幼的孩子，父母可以将劳动与游戏相结合，在游戏中教会他们穿脱衣服、收拾玩具。当孩子发现劳动是一件很有趣且不难办的事情时，他们会感到快乐而选择积极参与。随着儿童的成长，父母可以每年有针对性地教会孩子1~2项生活技能，让孩子在用心去观察并体验生活的同时，锻炼动手能力，养成劳动习惯。除此之外，家务劳动不仅仅局限于擦桌子、扫地，还包括做饭、洗衣服、养花、照顾宠物、修理自行车等。生活的丰富性让家务劳动的形式多样化，其中也蕴含着生活的规律，有利于增强孩子的生活智慧。

家务劳动是家庭劳动教育的第一步，也是儿童走出父母搭设的保护罩的第一步，促进他们与现实生活接轨。儿童在劳动中感受并学会生活，在劳动中掌握生存技能，学着独立生活，为拥有幸福生活奠定坚实基础。解放儿童的双手吧，让他们在劳动中健康快乐地成长，创造美好生活。

二、梦想当庄园主的孩子

在国本家庭教育研究中心组织“新父母年度人物”评选的时候，江苏南通海门推荐了这样一个家庭，教师妈妈陈菊非常尊重孩子的兴趣爱好，鼓励孩子探索实践，在自己的试验地里绽放出了梦想之花。

也许是因为从小就生活在农村的奶奶家，孩子经常在家门口的一方小菜园玩。父母发现儿子很喜欢种植，他小时候从幼儿园回来的第一件事，就是拿着小铲子去田里，学着奶奶的样子“劳动”：今天埋下许多玉米种子，明天种下几株竹笋。田间劳动成了孩子户外活动的重要内容，田间探索也成为孩子童年生活的一部分。起初，种植是单纯的模仿大人的行为。大人在田间种菜，他就帮着松土；大人浇水，他在旁边撒尿；大人挖土豆，他会帮着捡土豆，体验丰收的喜悦。就这样，他竟然在不停的田间玩乐中，不知不觉掌握了一些基本的种植知识。

上一年级时，孩子回到城里上小学，但是没有放弃田间的劳作，每到周日，父母便带着孩子回乡下去看他的小菜园。看到孩子脸上那种发自内心的喜欢，父母就把家里的花坛腾了出来，变成了孩子心爱的小菜园。

父母深受孩子感染，购买了许多劳动的工具，还情不自禁地去当孩子的助手，且一切行动听从孩子的“指挥”。在和孩子一起种植的过程中，生机盎然的蔬菜长势赛过了原有的花树。这个家庭不但收获了果实，更重要的是享受了收获的过程，收获了更多快乐的亲子时光。

不仅如此，孩子还有了自己的职业梦想和人生规划。“种植，我的最爱。做农场主，我的终极梦想！”

孙云晓
生活感悟

1. 最重要也最丰富的儿童教育一定是生活教育。在主编《少年儿童研究》杂志期间，我倡导把生活教育作为家庭教育的主题。例如，北京三十一中郝向荣老师在文章中写道：“养花就是养心，常年和孩子一起养花，心态会变得平和而有耐心。”她的儿子不仅成为班里的养花高手，还悟出许多成长的道理。

2. 儿童教育是生活教育，以学会生活为基本目标，而今天有些教育异化为反生活教育，这是一个危险的倾向。杨凤池教授指出，不做家务或房间混乱的孩子常常有心理问题，因为环境是心理的投射。从不做家务的人容易出问题，因为他们不知道生活的艰辛。

3. 在人的所有能力中，生存能力是第一位的。曾经有一位留学以色列并访问过100多个犹太家庭的周博士来访，与我讨论教育问题。我请她谈谈访学中最深的印象，她说犹太家庭最重视孩子的生存能力，犹太家庭里的女孩12岁前务必学会做家务，男孩12岁前务必养成责任感，同时要从小学会赚钱。显然，生活能力应当成为儿童第一课。

第二节 生活技能从教孩子做饭开始

教给孩子什么最重要？千惠妈妈说，是让孩子一个人也能好好活下去的能力。

为什么说生活技能从教孩子做饭开始呢？东汉史学家班固在《汉书》中有一句名言："王者以民为天，而民以食为天。""民以食为天"成为上千年来广为流传的生活共识。人活着自然不是为了吃饭，但只有吃饭才能活着，才可能实现心中的梦想。同时，做饭是家庭生活教育的重要环节之一，一是食物来源于大自然的馈赠和艰辛的劳作，二是食物加工需要高超的技艺才会有"家的味道"。仅仅这两个要素就包含了极其丰富的教育内涵与价值。

对于儿童来说，营养、睡眠、运动是其身体健康的三大基石，而饮食是第一位的。为什么都说儿童是小馋虫？因为儿童的视觉、嗅觉、触觉、味觉都极为敏感，饮食能够激发出他们极大的渴望与好奇。所以，劳动教育从教孩子做饭开始，等于抓住了生活教育的关键链条，既可以满足孩子的好奇心与探索欲，将每天的饮食与大自然紧密连接起来，又可以提高孩子的责任心与生存本领，使其学会生活并以积极心态创造美好的生活。

一、会做饭的孩子走到哪里都能活下去

《会做饭的孩子走到哪里都能活下去》一书曾经感动了许多人，这是由日本一家三口——丈夫信吾、妻子千惠和年幼的女儿阿花一起写就的温暖之作：身患重病的年轻妈妈千惠，开始教四岁的女儿阿花学习做饭，学习做各种各样的家务。她教女儿如何拿菜刀，如何洗菜；衣服翻着脱下来，就翻着还给她，让她整理好。只要是阿花力所能及的事，千惠都让她自己来，因为

比孩子先来到这个世界的父母，注定无法陪孩子走完一生的路。然而，教给孩子什么最重要？千惠妈妈说，是让孩子一个人也能好好活下去的能力。

我们需要认识到，家庭教育主要是生活教育，而劳动教育是生活教育不可或缺的基本内容之一。从家庭生活来看，学会做饭等于掌握了生活的核心能力之一，对少年儿童的学习和家庭生活及社交能力都具有促进作用，将使其终身受益。

虽然有些学校也教授学生学习做饭，但需要明确的是：对于学习做饭这件事来讲，最佳场所一定是家庭，而父母则是最好的教练。劳动教育究竟如何从教孩子做饭开始？由此我想到一个教育策略，就是对不同年龄的孩子需要采取不同的引导方法。幼儿阶段，可以满足孩子的好奇心和动手欲，引导其做一些辅助性的劳动，如搬运食材、择菜洗菜、准备碗筷等；小学阶段，可以在密切的亲子交流中让孩子学做一些饭菜；中学阶段是青春期阶段，孩子有与父母疏远的倾向，则可以从独立生活、自我管理的角度，激励孩子以掌握生存本领为荣，包括学会做营养餐等。

不要以为中学时期主要就是拼学习，要意识到这可能是孩子离开家之前的珍贵时光，学会独立生活是给孩子最好的礼物。有个朋友很骄傲地告诉我，读高中的儿子出国留学前，他们在一起的时候，一日三餐都是儿子做，并且午餐和晚餐都是四菜一汤。孩子在厨房忙的时候，他可以轻松地读书看报。我问过他儿子的感受，小伙子头一扬，回答：“男生会做饭很酷啊！”

由此可见，学会做饭等于掌握了生活的核心能力，这是一种生活智力或者说是实践智力，它有助于人理解大千世界的复杂关系，也让人更容易懂得独立与责任以及如何获得幸福。

第一，家庭教育只有以生活教育为主，才能满足儿童健康成长的需要，而脱离生活导致青少年失去了智慧的源泉。预防青少年自杀等悲剧当然需要生命教育，而最直接、最有效的方法是进行生活教育。当一个人热爱生活并且生活经验丰富，从中获得了很多自信与智慧时，人生便可以左右逢源，即使遇到困境也会有很多办法来应对。

第二，生活教育与知识教育是相辅相成、相互促进的。脑科学和心理学的研究早已经证明，生活教育与知识教育不是对立的，而是相互依存、相互补充的。

第三，天下父母最熟悉、最擅长、最便捷的教育就是生活教育。只要认真努力地生活，为孩子做真善美的榜样，就是好父母，就是最好的教育。

二、莫言的回忆

人生最刻骨铭心的教育或影响一定来自生活。著名作家莫言获得诺贝尔文学奖，在瑞典的颁奖仪式上做全世界瞩目的讲演，很少有人会想到，他讲得最多的是他的农民母亲的故事。

莫言回忆，在困难生活时期，家里难得吃一顿饺子，母亲却把自己的饺子都给了乞讨的老人。有一次，莫言帮助妈妈卖白菜，因买客挑剔，掰去许多白菜帮，便多收她一毛钱。母亲知道后倍感羞愧，一边道歉一边退还多收的钱。莫言长大后想找当年打母亲的人报仇，却被母亲劝阻，母亲说他已经不是原来那个人了。

莫言的母亲虽然贫穷，而且没有多少文化水平，却有一颗善良包容的心，正直做人，讲究诚信，知荣辱，明是非，尽管身处艰难困境，依然给了孩子终身受益的生活与教育。

我是山东青岛人，来北京生活与工作 40 多年了。我感慨地发现，回到老父母身边，更知道什么叫生活。我父母都是普通的工人，家里一年二十四个节气都过得非常认真虔诚。父母没有给我讲过什么大道理，但是，我在这个普通的家庭里受到了最好的教育。这都说明，家庭教育的独特魅力就是生活教育。

我每次回到故乡，第一顿饭一定是面条，这也是一种仪式感，“离家饺子还家面”。母亲做的面条外面绝对买不到，是独有的“妈妈的味道”。母亲九旬以后已经不能做饭了，但妹妹早学会了，做出的饭菜依然有“妈妈的味道”。但今天，随着人们对于家务技能的漠视，越来越多的家庭正在失去这种独特的“妈妈的味道”。

许多中国学生被评价为“高分低能”，意思是说，他们勤奋学习，分数领先，但是提出问题和解决问题的能力较低。显然，这不是理想的发展状态，甚至隐含着不可忽视的生存危机。

中共中央、国务院在《国家中长期教育改革和发展规划纲要（2010—2020年）》中要求：“坚持能力为重。优化知识结构，丰富社会实践，强化能力培养。着力提高学生的学习能力、实践能力、创新能力，教育学生学会知识技能，学会动手动脑，学会生存生活，学会做人做事，促进学生主动适应社会，开创美好未来。”

实际上，无论是从国家层面还是从个人层面，都很容易理解“能力为重”具有的重大意义。比如，为什么有些青少年在遇到人际矛盾的时候，会采取极端暴力或极端退缩的方式解决？一个不可忽视的原因，就是缺乏生活经验与能力。相反，如果生活能力强，在遇到难题的时候，会有许多可以选择的方案，能够轻松地化解矛盾。

三、陈律师包饺子的故事

我熟悉一名著名的陈律师，他在中国和日本之间做法律事务非常成功。最令我惊讶的是，他刚刚到日本发展业务的时候，人生地不熟，是靠包饺子的绝招让业务伙伴刮目相看。因为在日本很难吃到正宗的中国水饺，日本流行的水饺，如最有名的大阪王将饺子，其实就是锅贴。陈律师却是自己和面、自己擀皮、自己包饺子，做的是用水煮出来的中国水饺，特别受日本朋友欢迎。

我为什么惊讶呢？因为陈律师是苏州人，苏州很少吃水饺，他怎么会包饺子呢？他说是照着书本学的，多实践几次就会了。为了方便包饺子，他居然从中国背着大面板到日本来使用，过海关时日方工作人员都很意外，因为是第一次见这种东西。如今，陈律师一次能够包300多个水饺，每一次聚会都让日本朋友大饱口福，引得大家赞叹不已。陈律师不仅会包饺子，还会做许多中国菜，并且擅长多项运动，法律业务更是出类拔萃，所以越来越受欢迎。

从陈律师的成功发展，我们可以得到许多启示。比如，如果一个孩子学会做饭、洗衣服、整理房间、与人相处等本领，他就可能真正学会了独立生活。这样的孩子即使到外地生活或者出国留学，都有能力照料自己，并且给朋友们带来方便与快乐。毫无疑问，在青少年的社交生活中，生活能力强的人往往会成为领导者，会拥有更广阔的发展空间。相反，如果什么家务都不会做，则可能生活乏味，甚至生存困难。

当然，除了做饭，家务劳动、校园劳动、社会服务劳动等也是少年儿童劳动教育所包含的内容，其核心都是学会独立和服务他人，学会适应和创造美好生活。

孙云晓
生活感悟

1. 儿童教育不能缺少食育，食育也是生活教育的重要组成部分。食育是健康之育，是自然之育，也是礼仪之育。2012年中国疾病预防控制中心在22个城市进行了调查，发现34.7%的儿童有饮食行为问题，其中19%强烈偏爱某种食物。儿童时期营养不合理、饮食习惯不良会增加成年期一些疾病的患病概率，比如缺铁性贫血、肥胖、冠心病、肿瘤、骨质疏松。由此可见食育之紧迫性。

2. 自我管理是最重要的生存能力，而自立是关键。中国科学院院士刘明博士之所以不辅导孩子功课，就是为了引导孩子学会自主学习。刘明的父亲是工程师，靠一本裁剪书自学，能为全家做衣服，这对刘明影响很大。与母亲在农村生活四年，刘明体验到了什么都需要自己动手。她说，学会做饭是我人生最正式的第一课。

3. 当父母抱怨孩子懒惰的时候，请回忆一下孩子是否曾经非常勤快？比如，当孩子想要做饭、要洗衣、要扫地时，而父母的反应是什么样的呢？如果父母总是觉得孩子碍手碍脚，甚至训斥孩子什么都做不好，孩子还会有尝试的热情吗？蒙台梭利说，沮丧的最大根源是一个人深信自己没有能力做某些事情。

4. 因为孩子是好动的，所以好的小学教育是富有动感的。武汉市硚口区崇仁路小学做得好：一年级学会轮滑和滑板，二年级学会游泳，三年级学会骑自行车，四年级学会做饭，五六年级开始旅行。快乐的童年需要快乐的本领，引导孩子掌握一些生活技能，非常有助于孩子增强自信、体验幸福。

第三节　培养孩子参与家庭管理的能力

儿童具有参与家庭、文化和社会生活的权利，他们有权参与和自己有关的生活，这不是一个选择而是一个原则。家庭是孩子自出生起与其最为密切且重要的亲情组织，孩子是否能够参与家庭管理，这实际上是对父母的一个检验。

一、女儿在墙上作画的启示

毫无疑问，儿童有参与家庭生活的需要。例如，很多孩子都在家里做过一件事情——在墙上画画，这件事说明了什么呢？有个女孩在新装修的家里墙上画画，妈妈看到了十分生气，恨不得马上揍孩子一顿，但爸爸制止了妈妈的行为，并且仔细观察女儿画的画。他发现女儿在墙上画了五颜六色的花朵，于是问孩子为什么在墙上画花。女儿说，她觉得家里颜色太素了，有些花更好看。爸爸这才明白，原来即使年纪小，女儿对家里的布置也有自己的看法。之后爸爸鼓励女儿继续在家里的墙壁上画画，平时还会就“新作品”听女儿畅聊她对家庭建设的想法。女儿长大后，爸爸还将墙面保留，甚至对以前的画作进行了拓印以留作纪念。

孩子在成长的过程中有表达的需求，有参与家庭生活的需要，但是有些时候他们羞于张口，不知道怎样对父母表达自己的内心想法。画画是一个很好的机会，家中墙壁上的画是孩子内心的袒露，也是父母了解孩子，从而共同建设美好家庭生活的珍贵渠道。

有调查发现，经常参与家庭决策的孩子性格开朗，能关心别人，有较强的自信心、责任心与集体感；而那些从不参与家庭决策的孩子，在与他人相处时总会以自我为中心考虑问题，遇事习惯依赖和等待。可见孩子参与家庭管理，不仅满足了儿童的需求，同时培养其健康的人格，是促进孩子个性化与社会化协调发展的重要方式。

有些父母会疑惑，什么样的事情适合让孩子参与呢？其实，家庭生活是由一件件小事组成的，很多看似不起眼的事情都可以让孩子参与进来，比如手机的使用、零花钱的管理、衣服的搭配，甚至是家里的装修。以装修为例，在家里进行装修前，可以问问孩子对整个家的建议，同时让他决定自己屋子的布置。孩子是家庭的一分子，是家庭的建设者，在这一过程中，实际上孩子也在向父母表达着参与家庭生活的需要。在孩子参与家庭管理的过程中，他们独立决定做什么以及怎么做的时候，伴随着挑战与肯定，他们会逐步体验到参与的权利与责任，一步步提高着个人自信心与管理能力。

二、孩子如何参与家庭管理

孩子该如何参与家庭管理呢？我有以下三点建议：

首先，要重视孩子对家庭生活提出的建议，不让父母的权威遮蔽了孩子的想法，努力提高他们参与家庭建设的积极性与主动性。在平时谈论问题或商量事情时，可以有意识地问问孩子，如：“你有什么好的建议吗？”“你认为怎么做好些？”让孩子在家庭中发表自己的意见，与他们就家庭生活进行民主平等的探讨。

其次，根据孩子的兴趣爱好和实际能力，给孩子安排合理的家庭任务，培养其家庭管理的能力。可以按孩子的年龄分配任务，年幼的孩子肢体动作、思维方式等发展还未成熟，在父母的指导下，可以给他们安排一些简单的任务，例如每天自己决定衣服的搭配或者管理自己玩游戏的时间，负责刷碗和扫地、浇花等家务。

最后，随着孩子年龄逐渐变大，还可以更加放手，给孩子更多锻炼的机会。有些家庭尝试过让孩子在假期里用一周左右的时间当家，给孩子一定的经费，让孩子决定家庭的一日三餐吃什么，也由孩子自己来做饭。这些体验往往使孩子的生活经验更丰富，并且更加勤俭节约。对于家庭里的文化体育活动，孩子更有能力发挥重要作用。孩子自主性与独立意识增强之后，可以在家庭共同的事务中，放手让孩子进行合理的规划，例如在全家出游时让孩子设计旅游线路，并承担导游任务。

孩子是“家庭共同体”中的一员，有参与家庭生活的需要，也有着参与家庭管理的权利和责任。父母有意识地鼓励孩子参与家庭管理，有助于建设幸福家庭，有助于孩子成为真正的主人。

孙云晓
生活感悟

1. 儿童有参与公共事务的权利，这个法律原则的实现当然需要有适合儿童的参与方式，儿童的参与度标志着社会的文明程度。教育家蒙台梭利说：“儿童天生即秉赋着未知的能力，能引导大家走向光明的未来。如果我们真的期待一个新世纪，那么教育的目标便应该摆在发展儿童潜藏的能力上。”

2. 学生的假期是属于学生的，如果学生没有参与决定的权利，就不叫学生的假期。假期的本质是让学生过一种不同于学校的生活，其关键是给学生深刻的关怀，为其提供均衡发展的空间。玩是儿童的权利，玩是儿童的学习，玩是儿童成长的阶梯，“玩童”才是健康儿童。

3. 我曾在长三角家校合作论坛发言，希望家校合作制订计划时能够适当听取孩子的意见，因为儿童有参与权，尊重儿童的权利不是一个选择，而是一个原则。学校的团队组织都具有维权职能，完全可以发挥作用。我实在担心，有些家校合作具有应试教育倾向，可能会联手折磨孩子。但是，参加了许多家庭教育的会议，我却很少听见专家学者主张家校合作要听取孩子的意见！

第四节　培养理财技能，提升孩子的责任感

据德国的一项调查发现，父母没有很好的理财理念，其子女成为百万富翁的概率只有1/500；相反，父母善于理财，子女成为百万富翁的概率可以达到1/5。这说明如果父母有正确的理财观念，其子女成为百万富翁的概率比不善于理财者的子女高100倍。

有人可能会说，小孩理什么财？小孩有几个钱？那么点零花钱需要理财吗？其实，再少的钱都需要管理，对孩子来说小就是大，大就是小。

怎样看待儿童的理财，我觉得不会理财就不会自理，不会自理便不会自立，而不会自立就难以长大成人。这或许是理财教育给予人们最重要的启示。

理财是一个人的基本能力之一，大家发现没发现，青少年的时候，特别是当你独立生活（比如说住校或者独自出门旅行）时，你会发现钱是有限的，有的人过得井然有序，有的人就过得乱七八糟，吃了上顿没下顿，满足不了欲望就开始焦虑，这是一个非常糟糕的结果。

德国汉堡大学心理学教授迈尔斯提出，现代父母要培养孩子的三大财富能力，即正确运用金钱的能力、处理物质欲望的能力、了解匮乏与金钱极限的能力。犹太人就很会教育孩子理财，他们教育孩子从小养成精打细算的习惯，不该花钱的地方绝对不花一分钱，孩子小的时候就要求他们学会打工挣钱，理财意识很强。

一、中美日韩四国高中生消费状况比较

我们在做中美日韩四国高中生消费状况比较研究时发现，相对于其他三国而言，中国高中生对金钱和打工的意识是最低的（45.8%），日本最

高（70.7%），美国其次（63.3%），韩国第三（52.2%）。与此对应的是他们对金钱的兴趣，中国高中生对金钱感兴趣的比例为 64.9%，也远低于其他三国（日本 90.1%，韩国 90.1%，美国 78.1%）[①]。这可能与中国高中生课业负担繁重、学习任务紧张有关，他们没有更多的时间去打工。同时，许多中国父母也缺乏培养孩子独立自主和理财能力的意识，不愿意让孩子分散学习精力，担心孩子的身体和安全，此外，不忍心让他们过早分担经济压力也是重要原因。另外，学校和社会也很少把高中生打工作为锻炼实践能力的方式。

作为高中生，适当参与社会工作，进行社会实践，对于未来的发展是很有益处的。因此，社会应多为高中生创造机会。同时，老师、父母也需转变观念，在不影响正常学习、生活的情况下，让孩子们进行力所能及的社会实践。

国外比较流行让孩子在家里通过做家务挣钱，中国对这个问题有很大的争议。很多人觉得孩子做家务是正常的，不应该给钱。还有人认为孩子是家庭的小主人，干活还应该要钱吗？甚至有一个人还写了篇文章《小彼得的账单》，说国外有个小孩叫小彼得，彼得干了活就跟妈妈要钱，妈妈就不太高兴。后来妈妈给了他一份账单，上面记录了彼得小的时候吃奶多少钱，什么什么多少钱。最后小彼得觉得很不好意思，就不再说钱的事了。

我想跟大家探讨的是，我们是否可以把孩子的部分零花钱以劳动报酬的方式给他们。家务劳动有两种：一种是属于单纯的家务劳动，这种可以挣零花钱；另一种是对父母的孝敬关照，这个不应该付任何钱。让孩子把自己的零花钱挣出来，我觉得也是一种可以尝试的做法。

怎么给零花钱是父母需要考虑的问题，也需要让孩子明白该怎么花这些零花钱。花钱要有计划，开销要有记录，每月底，父母要帮助孩子分析

---

① 调查显示：有打工经历的中国高中生不足四成 低于日韩美高中生［EB/OL］（2008-06-23）https：//news.ifeng.com/c/7fYNrSqiKOZ.

他这一个月的开支情况，引导孩子合理消费。在引导孩子合理消费方面可以采取一些奖惩措施，例如：合理消费有奖励，下个月可以多给一点零花钱；开支不合理，下个月就少给点。

在家里，孩子需要有自己的劳动岗位和任务，没有岗位和任务，就很难有责任感。我们大家都有体会，平时生活中如果说这件事大家都要负责任，结果就可能没有人负责任。如果你说：“某某你负责什么，某某某你负责什么。”这个时候每个人的责任感就会来了，因为责任很明确。要想培养孩子的责任感，一定要给孩子明确的岗位，或者给他具体的任务，哪怕这个岗位任务很轻，只是负责每天吃饭时为家人拿筷子等餐具，或者是刷碗、扫地、浇花等，我觉得都是一种责任，坚持久了就会养成良好习惯。

二、孩子需要学会理财吗

在美国，每年的 4 月是政府确定的“青少年理财教育月”。每年到了这个时期，银行等各家金融机构会纷纷派出自己的职员，到全国各地的学校进行理财教育，而各个学校也都乐意接待这些客人。他们成为“一日讲师”，简明而风趣地给孩子们讲金融与经济的知识。老师们非常愿意让出讲台给“一日讲师”，也与学生一起学习理财知识。

据德国的一项调查，父母没有很好的理财理念，其子女成为百万富翁的概率只有 1/500；相反，父母善于理财，子女成为百万富翁的概率可以达到 1/5。这说明如果父母有正确的理财观念，其子女成为百万富翁的概率比不善于理财者的子女高 100 倍。

引导孩子学会理财和提高管理能力的方法很多。例如，有些智慧的父母，在孩子放寒假暑假时，就把家里的日常生活安排都交给孩子，让孩子来学着当家，从而锻炼其精打细算的管理能力，这种做法也会让孩子增加理财的直接经验。这都是教育孩子如何理财和承担责任的方法，虽然不是所有家庭都非常富有，但是所有家庭都会面对理财的问题。

很多父母会认为让孩子学会理财是有钱人家的事情，这个观点在国内外都非常流行。根据英国金融监督厅（FSA）进行的一项富裕家庭子女和贫困家庭子女在理财知识方面是否存在差异的调查，结果显示，富裕家庭子女所掌握的理财知识比贫困家庭子女丰富得多。因为这些富裕家庭的孩子在日常生活中，通过父母的谈话，耳濡目染地学到很多有关股票、证券等金融产品的知识，以及利用金融机构的方法。

事实上，孩子能否学会理财，并不取决于父母的“财产”，而在于父母是否注重对孩子“财商”的教育，是否给孩子参与购买家庭用品的机会，以及父母自身掌握了多少理财知识。做好孩子的理财教育，父母需要具备两个条件：第一，对孩子的理财教育要有持续的关心和支持。第二，要掌握教孩子理财所需要的最基本的金融知识。归根结底，唯有父母先学习理财知识，才能对孩子进行正确的理财教育。

学会了理财的孩子，不仅能管理自己的财务，也能管理自己的生活。父母应该把这件事情看得比较重要，听听孩子的一些消费方案，培养他一些管理的才能，这对孩子的成长是非常有益的。

如今啃老族、月光族的出现，都是一种悲哀的现象，也是一种教育失败的结果。有专家把中国孩子的这种状况概括为“软垫理论”，意思是说，中国孩子的成长过程中，不论是小升初、初升高、考大学还是就业，哪件事情没做好，都有父母为孩子解决后顾之忧，父母就是孩子的安全垫。现在，中国的一部分大学生毕业找不到工作，可以坦然地住在家里“啃老”。这种现象在国外很少见。受文化观念的影响，国外的青年人对独立的紧迫感比较强。国外许多父母也确实说到做到：“你能养活自己了，我就撒手不管了。”

三、儿童高额打赏说明了什么

随着网络与技术的发展，新兴的娱乐方式层出不穷，例如网络游戏、真人直播等，丰富了人们的休闲生活。但是，这也引发了父母的一大烦恼：孩子没有理财观念，随意挥霍父母的钱。

据 2017 年澎湃新闻报道，10 岁的小富迷恋上了手机游戏“王者荣耀”，但由于技术不好，队友都不愿和他一起玩。后来，他发现只要装备好，就能弥补技术缺陷，于是开始充值购买厉害的游戏人物和装备。一个月的时间里，小富总共在游戏中累计消费58000多元！为防止被家人发现，他屏蔽了银行服务短信号码，直到妈妈查看银行卡的余额，才发现小富已经花了家中一半的积蓄。小富的爸爸妈妈都是普通的工薪阶层，爸爸是装修油漆工，妈妈是发单员，平日的生活十分节俭，每一分存款都来之不易。为什么身为孩子的小富却能够眼也不眨地一掷千金，在短短一个月的时间内花光了全家近三年的积蓄呢？这是因为小富对近六万块的钱款数额毫无概念，他不知道自己花了多少钱，也不了解这些钱是怎样挣来的，更不清楚这些钱对整个家庭意味着什么。

近年来，相关事件频频发生。2016年，12岁的男孩小林为讨自己喜欢的主播开心，偷拿母亲手机充钱购买昂贵的虚拟物品送给主播，一个月花了父母5年的积蓄，近3万元。2017年，13岁的小卞偷用妈妈的手机，两个月花了25万元打赏给网络男主播，花光了一家人全部的存款。这些类似事件之所以频频发生，重要原因是父母忽视了对孩子的责任感培养和理财教育，孩子缺乏正确对待偶像的观念，更未养成良好的理财习惯。

四、儿童理财的建议

有人可能会表示疑惑：孩子又不挣钱，有什么财可理？其实，孩子是需要零花钱的，而零花钱的管理正是儿童学会理财的重要途径。具体怎样做呢？

首先，父母可以利用零用钱对儿童进行理财教育，指导他们形成正确的金钱观念，合理支配属于自己的钱财。美国心理学家海姆·吉诺特认为：“金钱就像权力，对于没有经验的人来说，很容易处理失当。”对于年幼的孩子来说，零花钱无疑是一笔财富，大多数孩子都会为自己的冲动与欲望打开便利之门。因此父母需要与孩子一起制订一个具体可行的计划，规定零花钱的支出范围。

其次，在零花钱的管理方面，父母要教导孩子分辨“实际需要”与“自身想要”之间的差别，学会克制与忍耐，将节省下来的零花钱存起来，甚至储蓄起来，以支付自己未来上大学或做其他重要事情需要的费用，这将是多么惊人的一项成就啊！

理财教育的本质是生活教育。家庭中的某些重要开支计划，也可以让孩子参与讨论决定，让孩子有家庭小主人的体验。比如，告诉孩子父母挣钱如何辛苦，和孩子讨论如何量入为出，如何做到保障正常有序的生活，如何购买真正适合自己的物品等。在这个过程中，孩子可能会逐渐养成对家庭负责的习惯。

家庭生活是儿童发展的基础，是理财教育的起点，在家庭生活中，父母借用具体事例对儿童进行理财教育，使他们形成正确的金钱观念，掌握基本的理财知识，培养良好的理财习惯与能力，从而增加儿童的生活智慧，创造幸福生活。

只有掌握了生活技能，孩子才能够真正走向独立。会做饭、会洗衣服、会整理房间，这都是最直接的生活技能。但是生活技能不仅仅是这些，还包括了如何对待朋友、如何自我保护、如何理财等，这些都是孩子需要掌握的生活本领。

孙云晓
生活感悟

1. 中小学生需要学会理财，但一般不适合炒股。2010年的最后一天，我和一批银行家们在央视对话节目谈金融教育，这几乎是专家们一致的观点。因为未成年人是未成熟的人，他们在接受基础教育的时候，需要专心致志地学习和锻炼，而炒股是高风险的投资行为，其过程和后果是他们难以承受的。

2. 给孩子零花钱的时候必须伴以理财教育，理财不仅仅是理钱，更是理人生。美国第一个拥有10亿美元资产的富翁洛克菲勒，他给孩子3毛钱或几美元，都会要求孩子把钱的开支分成3份，即个人零花、储蓄和捐赠各占三分之一左右。在央视做金融主题的对话节目时，我说，怎么花钱就是怎么做人。

3. 关于压岁钱的管理可以10岁为界，因为10岁是有无行为能力的分界线，10岁之前由父母代管，10岁后在父母指导下由孩子自己管理。压岁钱可以储蓄，也可以投资，开支方向有三：一是孩子发展所需，二是分担家庭责任，三是捐赠做慈善。管理和使用压岁钱的核心目标是成长，即学会自理、自立和助人。

第五节　提升孩子艺术审美的能力

当孩子在父母的带动和支持下喜欢某种艺术，全家人又能够共同沉醉其中时，那就是其乐融融而又令人向往的美好生活了。富有魅力的家庭生活有利于孩子的健康发展，审美水平的提升让孩子更有幸福感和创造力。

一、吉祥三宝

“宝贝。”

“啊！”

“爸爸像太阳照着妈妈。”

“那妈妈呢？”

“妈妈像绿叶托着红花。”

“我呢？”

“你像种子一样正在发芽。”

“我们三个就是吉祥如意的一家！”

动听的旋律，熟悉的歌词，耳边萦绕着《吉祥三宝》悦人的曲调，眼前浮现出那载歌载舞的幸福一家人。这是由蒙古族歌手布仁巴雅尔作词作曲，并和妻子乌日娜以及他们的小侄女英格玛演唱的描写美满家庭的一首歌。2006 年他们还登上了央视春节联欢晚会，将一家人的快乐通过音乐唱给了全国人民。

这首歌的诞生实际上源于家庭中父亲与女儿的简单对话。女儿小时候常常用蒙语向父亲发问：“星星是什么？月亮是什么？”有一次妈妈听到后突然来了灵感，建议布仁巴雅尔将这样简单的对话实录下来，谱成曲子。后来布仁巴雅尔用了十几分钟就完成了歌曲《吉祥三宝》的创作，并在女儿生日时、亲朋好友聚会时，将歌曲表演给大家。

艺术来源于生活的同时，也使得日常生活变得富有韵味，平平常常的父女对话在辅以有韵律的节奏后，居然蕴藏着这么强的艺术感染力。我们不难想象一家人在生活中对唱歌曲时的幸福、在人前表演时的骄傲。他们将自己的家庭生活变得格外有魅力，也让孩子徜徉于艺术的海洋，让她在歌唱中感受着生活的快乐，甚至激发个人潜能。

布仁巴雅尔的女儿 8 岁时写出第一首歌《乌兰巴托的爸爸》，15 岁时已经拥有了超过 70 首个人全词曲创作歌曲。正是艺术让家庭生活丰富多彩，从而促进了孩子的审美能力与创造力的发展。

二、家庭音乐会

当孩子在父母的带动和支持下喜欢某种艺术，全家人又能够共同沉醉其中时，那就是其乐融融而又令人向往的美好生活了。有一次，我应教育专家蒋佩蓉的邀请，参加她在北京四中举行的一场活动。当时场景十分热闹，活动进行到高潮时，她更是与先生和 3 个儿子举行了一次全家合奏。一家人各自捧起自己心爱的乐器，相互对视、微笑，和谐地演奏出美妙的音乐。这个环节给大家惊喜和震撼，可以想象在日常生活中，他们一家人聚在一起，你一言我一语，共同探讨音乐奥秘的快乐样子，更不难想象在这全家共同创造的艺术氛围中，孩子们幸福成长的欢乐笑颜。

为什么艺术追求会让生活变得迷人呢？这是因为对艺术的追求不仅仅是演奏一种乐器或者绘制一幅画卷这种表面上技能的掌握，更是一个感受美、追求美，甚至能够创造美的过程。在这一过程中，孩子将自己的身心投入其中，培养和调动想象力，实现灵感的迸发，在父母的陪伴下享受生活，进一步激发出个人潜能，甚至体会到成功的快乐。

或许，有些父母会感到为难，觉得自己没有艺术天赋，怎么引导孩子体会艺术呢？其实，没有人天生就会某种艺术，但都具有某种艺术潜能与爱好。作为父母要怎样做呢？首先要了解孩子，激发他们的潜能，可以根据孩子的潜能与兴趣，有意识地培养其爱好，例如绘画、诗歌朗诵、小品演绎、乐器演奏或花卉种植等。这其中的奥秘在于，要善于发现孩子的优势，根据其特点进行引导。这需要父母愿意支持孩子学习艺术，有信心与耐心去等待与发现。除此之外，在培养孩子追求美的同时，父母可以陪孩子一起学习，在家中一起表演，在长时间的相处中，这样不仅能够加深对孩子的了解，使亲子关系得到进一步发展，更能够使孩子在最初的舞台——家庭中勇于表现自己，建立自信，培养健康人格。

艺术让生活更有魅力，审美活动陶冶人的性情，让孩子在充满艺术氛围的家庭中成长，在追求美的过程中体会生活的多姿多彩，这就是一种美好生活的教育。

孙云晓
生活感悟

1. 每个人的童年都有美的冲动，需要自由奔放，不要拘束限制。我赞成中国美术家协会动漫艺术委员会常务副主任庞邦本先生的建议，儿童不宜过早进行技法训练，以免限制创造力的发展。儿童美术创作最重要的是创意和神似，而这需要培养儿童的想象力、观察力和表达力。显然，放胆才有好作品。

2. 审美是创新的动力和基础。那么，该如何培养儿童的审美能力呢？我赞同清华大学美术学院教授吴冠英先生的建议，即引导孩子用眼观察，用脑思考，用心感受，用手表现。他说，学习绘画的孩子，不要依赖网络和相机，而要随身带速写本。我想，对于儿童来说，多动手、多体验是最好的学习。

3. 一部影视剧乃至一首歌曲可能胜过一百次课，因为艺术的力量最容易打动人的心灵，并有久远的影响。大连瓦房店市用说唱等艺术形式传播家庭教育理念，之所以受到男女老少的欢迎，原因就在于其方法给人以美的体验和精神享受。如歌词作者、该市教育局副局长高仕恒所说，没有感动就没有教育。

4. 孩子学习艺术是为了有一个美丽的人生，而不一定要成为艺术家。一个放飞梦想的日子，几百名爱好艺术的孩子走进北京人民大会堂，参加儿童艺术的盛会。孩子如何学艺？我赞成著名摄影家王瑶传授的三件法宝：一是学会感恩和欣赏，二是学会观察和发现，三是学会表达和创造。

第四章

家庭生活教育好坏看家风

教育家陶行知关于生活教育有许多精辟的论述，例如：“是好生活就是好教育，是坏生活就是坏教育。”那么如何分辨生活的好与坏呢？也许，家风是最为鲜明的标志，因为家风是一个家庭或家族最为稳定的道德风貌和习惯。

第一节　家庭生活教育最重要的是品德教育

家庭教育千头万绪，需要抓根本，这个根本就是做人的教育，其核心是品德教育。

在《习近平关于注重家庭家教家风建设论述摘编》一书的第三部分，即“家庭教育最重要的是品德教育”中，习近平总书记明确指出：“家庭教育涉及很多方面，但最重要的是品德教育，是如何做人的教育。”这一重要论断值得广大父母和家庭教育工作者认真学习。

一、少年儿童成长最需要品德教育

首先从成长的需求谈起，孩子的成长最需要品德教育。2014 年 5 月 30 日，习近平总书记在北京市海淀区民族小学主持召开座谈会时，发表了题为《从小积极培育和践行社会主义核心价值观》的讲话，他谈道：“少年儿童正在形成世界观、人生观、价值观的过程中，需要得到帮助。”

这个帮助的主要内容就是做人的教育，就是“扣好人生的第一粒扣子”。2016 年 12 月 12 日，习近平总书记在会见第一届全国文明家庭代表时的讲话中现身说法，回忆自己小时候看妈妈给他买的小人书《岳飞传》，其中一本就是讲“岳母刺字”，精忠报国在他童年的脑海里留下深刻印象。他由此提出：“家庭是人生的第一个课堂，父母是孩子的第一任老师。”“作为父母和家长，应该把美好的道德观念从小就传递给孩子，引导他们有做人的气节和骨气，帮助他们形成美好心灵，促使他们健康成长，长大后成为对国家和人民有用的人。”

许多学者和科学家的研究都证明了道德对人发展的意义和价值。著名物理学家爱因斯坦在回答《纽约时报》记者提问时也曾说过：“用专业知识教育人是不够的，通过专业教育他，可以成为一个有用的机器，但是不能够成为一个和谐发展的人，要使学生对价值有所理解，并且产生热烈的感情，那是最基本的。他必须对于美和道德上的善有鲜明的辨别力，否则他连同他的专业知识，就像一只受过很好训练的狗，而不是一个和谐发展的人。”实际上，我们眼下的生活一再证明，忽视品德教育，一味追求知识和分数，是造成诸多成长悲剧的重要原因。

在《习近平关于注重家庭家教家风建设论述摘编》一书中，习近平总书记谈家庭品德教育并非只是讲原则与方向，而是非常具体细致，从少年儿童的认知特点和发展的实际出发。

2014 年 5 月 30 日，习近平总书记在北京市海淀区民族小学参加活动时发表讲话，讲述少年儿童如何培育和践行社会主义核心价值观。习近平总书记指出：“少年儿童如何培育和践行社会主义核心价值观呢？应该同成年人不一样，要适应少年儿童的年龄和特点。我看，主要是要做到记住要求、心有榜样、从小做起、接受帮助。”

习近平总书记还提道：“每个人的生活都是由一件件小事组成的，养小德才能成大德。少年儿童不可能像大人那样为社会做很多事，但可以从小做起，每天都可以想一想：对祖国热爱吗？对集体热爱吗？学习努力吗？对同学们关心吗？对老师尊敬吗？在家孝敬父母吗？在社会上遵守社会公德吗？对好人好事有敬佩感吗？对坏人坏事有义愤感吗？这样多想一想，就会促使自己多做一做，日积月累，自己身上的好思想、好品德就会越来越多了。”他一连问了九个具体表现，是小学生能够理解的，并且是生活中经常遇到的问题，由此寄语少年儿童，并为教育工作者作出了榜样。

二、家庭教育最重要的是品德教育

毫无疑问，对于人的成长而言，家庭教育具有最长久也最深刻的影响，尤其是父母的榜样作用会直接影响孩子的思想品德。根据班杜拉的理论，人类的大多数行为都是通过榜样作用而习得的。我们常说“言传不如身教”，所谓身教，其实就是一种给予行为示范使少年儿童模仿该行为的过程。少年儿童通过观察生活中他们认为重要的人物的行为，然后模仿，进而习得社会行为。

中国青少年研究中心的研究发现，小学四五年级时榜样影响力达到最高峰，初中一二年级时偶像影响力达到最高峰。北京师范大学发布的《全国家庭教育状况调查报告（2018）》也显示，父母居四年级、八年级学生最崇敬榜样的第一位，但是当发现父母的不良行为较多时，八年级学生将父母视为偶像和榜样的比例显著下降。换句话说，父母为孩子做好榜样时，家庭教育就有良好的效果；父母为孩子做坏榜样时，家庭教育就有糟糕的效果。所以，为孩子做好榜样是父母做好家庭教育的第一原则，也是最直接有效的方法。

习近平总书记对于品德教育有一个总体的方向要求——既尊重少年儿童的成长特点和需要，也重视家庭教育、学校教育和社会教育的综合影响。2014 年，他在北京市海淀区民族小学座谈时指出："让社会主义核心价值观在少年儿童中培育起来，家庭、学校、少先队组织和全社会都有责任。"

习近平总书记一向重视家庭建设，倡导相亲相爱和向上向善的家庭关系，这完全符合家庭建设的基本原则。家庭的本质是家庭关系，全国妇联多年坚持开展"寻找最美家庭"等活动，就是为了推进家庭建设而进行的卓有成效的行动。

可以说，习近平总书记系统地提出了家校共育的宏伟构想和战略任务，之所以如此高度重视，因为这是治国理政的重要基点，而这一点需要党政系统的工作者和家庭教育工作者深刻领会。

三、品德教育需要引导少年儿童在生活实践中养成良好习惯

良好品德的养成是有规律的，需要以科学的方法引领，尤其要注重生活实践。如南京师范大学德育专家鲁洁教授所说，道德是一种生成性的实践智慧，这种生成性的道德智慧和数学、物理等一般命题性的知识不同，

不能仅通过知识的传授而获得，而有赖于个人成熟的生活经验、生活实践。道德教育要培养生成性的人，要形成人的道德智慧，就必须在丰富人的生活经验、生活实践上下功夫。

阅读《习近平关于注重家庭家教家风建设论述摘编》一书，尤其是“家庭教育最重要的是品德教育”部分，我们会发现习近平总书记是从勤俭节约入手谈品德教育的，同时强调了劳动教育的重要性以及勤俭节约与劳动教育的密切关系。

习近平总书记在中国共产党第十八届中央纪律检查委员会第二次全体会议上说：“勤俭是我们的传家宝，什么时候都不能丢。要大力弘扬中华民族勤俭节约的优良传统，大力宣传节约光荣、浪费可耻的思想观念，努力使厉行节约、反对浪费在全社会蔚然成风。”在 2013 年 12 月 23 日至 24 日召开的中央农村工作会议上，习近平总书记明确要求：“节约粮食要从娃娃抓起。”

用现代的观念来看，节约体现一种尊重的价值观——既尊重他人的劳动，又尊重资源，这是值得广为倡导与践行的美德。

习近平总书记一直倡导劳动教育，因为只有培养出一代又一代热爱劳动、勤于劳动、善于劳动的高素质劳动者，才能有人担当民族复兴大任。毫无疑问，这是具有战略意义的人才培养的原则与方向。值得引起高度重视的是，目前由于升学竞争等压力，许多家庭将知识教育和提高学业成绩作为核心目标，严重忽视劳动教育，导致少年儿童生活能力较低。这已成为家庭教育普遍存在的误区。

家庭是习惯的学校，父母是习惯的老师。儿童教育往简单里说就是培养好习惯。以劳动教育为例来看整个品德教育，我们会发现，养成习惯是极为重要的目标与原则，因为习惯是稳定的、自动化的行为，只有养成习惯，才能够说教育取得了真正的成功。在中国青少年研究中心工作期间，我曾连续十年主持全国教育科学“十五”和“十一五”规划课题，专门进行少年儿童行为习惯与人格关系的研究。研究发现，习惯养成的规律是由被动到主动再到自动的过程。因此，需要把握激发动机、明确规范、榜样教育、持久训练、及时评估、形成环境这六个关键环节，引导少年儿童向上向善并且持之以恒。正如习近平总书记所说，少年儿童的品德教育要“养小德才能成大德”，也就是说，不要求少年儿童做力所不及的事情，但要鼓励和引导他们从身边的小事情做起，坚持，坚持，再坚持。这种坚持最见精神，也最有可能养成习惯。北京实验二小对坚持数年做好小事的学生给予表彰，就是一种引导学生养成好习惯的有效方法。

总而言之，立德树人是家校社协同育人的第一原则。少年儿童成长的最大需求就是品德教育，家庭教育最重要的也是品德教育。少年儿童的品德教育是一门科学，要从少年儿童的实际出发，要遵循品德在生活实践中生成的规律，要进行适合少年儿童的社会主义核心价值观的引领，要将习惯养成作为检验教育成败得失的重要标准。

孙云晓
生活感悟

1. 所谓道德智能，核心即辨别是非的能力，这也是儿童10岁之前最需要具备的能力。我赞同韩国前教育部长文龙鳞教授的建议，在儿童2至4岁，父母要善于对孩子说“不”，在5至10岁用故事分析法培养道德观念，使其在10岁之前掌握明辨是非的基本能力，这就是让人终身受益的道德智能培养。

2. 缺德之人在某些时候似乎能占一些便宜，但其一生都会危机四伏。所以，教孩子仁爱还是自私是真爱与假爱的分水岭。如人大附中原校长翟小宁所说，在孩子心中播种美德，是对孩子最大的爱，是给孩子的宝贵财富。人生就像一艘船，如果品德出了问题，就好似船底有个漏洞，进水太多，船就倾覆了。

3. 仔细想一想，谁都会明白什么人最受欢迎。肯定是那些尊重他人、善解人意、乐于助人、诚实守信、认真负责的人，这样的人就是有道德的人。什么是德育？我欣赏教育部基础教育家庭教育指导专委会主任委员张志勇的观点，即德育是人生幸福的科学。着眼于如何使人获得幸福，这样的德育才会成为受欢迎的教育，甚至成为让人终身受益的教育。

4. 培养道德智能重在明辨是非，要筑起人生第一道防线。一般来讲，幼儿2岁至4岁时能够说300~1500个单词，说明孩子能理解一些语言规则，知道什么该做，什么不该做。文龙鳞教授主张，对孩子的不良行为要坚决地说“不行”，并告诉孩子不行的理由。因为孩子最善于模仿，父母要避免在孩子面前出现不良行为。

第二节 生活好坏看家风

什么是家风，家风不是一阵风，它是一个家庭乃至一个家族的道德风貌，是一种稳定的并且本质性的文化倾向。家风也叫作门风，它是一种价值体现，也是一种道德习惯。

我们在研究少年儿童的行为习惯时会发现，习惯是一种稳定的、自动化的行为，不是忽上忽下、忽左忽右的。所以，家风一定是比较稳定的、自动化的价值观和行为习惯。家风最本质的东西是什么？是做人。中国几千年的传统文化，有很多优良的家训、家规，最核心的内容就是如何做人。

谈家风自然与家训文化密切相关，这是中国传统文化中极具特色的组成部分，值得我们以认真的态度去借鉴和学习。问题在于，家训文化固然博大精深、营养丰富，是否也存在深重糟粕，可能误人子弟？更具有挑战性的问题是：如何传承家训文化，才能培养出富有创新精神和实践能力的新一代？或者说，今天我们需要什么样的家风？什么样的家风真正有利于青少年健康成长？

首先必须明确一点，家规家训与家风是一个中性词，有些是好的，有些是不好的，我们需要取其精华，去其糟粕，这才是科学的态度。

习近平总书记在2015年春节团拜会上的讲话中强调：“家庭是社会的基本细胞，是人生的第一所学校。不论时代发生多大变化，不论生活格局发生多大变化，我们都要重视家庭建设，注重家庭、注重家教、注重家风，紧密结合培育和弘扬社会主义核心价值观，发扬光大中华民族传统家庭美德，促进家庭和睦，促进亲人相亲相爱，促进下一代健康成长，促进老年人老有所养，使千千万万个家庭成为国家发展、民族进步、社会和谐的重要基点。”

毫无疑问，注重家庭建设就必然要注重家庭教育，而家风则是家庭建设与教育的结果。既然家庭教育是导向的核心，那么，我们需要一种什么样的家庭教育呢？

可能有些读者朋友会说，留下家训传世的都是豪门和名人之家，平凡百姓如何比得了？这种说法可以理解，因为文化渊源深厚并得以传承的家庭，其家风与普通百姓的家风的确有显著差别。

说到这里，我就来说说自己的家庭。我出生于一个极为普通的工人家庭，甚至可以说，父母都是20世纪40年代进城务工的农民工。可是，父母给予我最深刻也最积极的影响就是勤劳朴实、孝敬友善的家风。

有几件事特别令我难以忘怀。

以前回家乡青岛时，我喜欢与年逾八旬的老父亲聊天。有一次，父亲回忆起一件往事：1960年，我5岁，正赶上生活困难时期，某天夜里饿醒了，我跑去厨房找吃的。看见有一个白面馒头，我拿起来就咬了一口，但忽然放下了，可能是想起馒头是给一岁的妹妹准备的，我随后拿起一个玉米面窝头吃了起来。我不相信5岁的孩子会有多么自觉，但是，照顾妹妹的确是我牢记在心的。

由于生活艰难，我和哥哥从小就承担各种各样的劳动。例如，上山割草或去垃圾堆里捡菜根菜叶喂养兔子，去农民收获后的田地翻土以寻找遗漏的红薯或花生，趁着落潮去赶海挖蛤蜊，在家里参与装订纸盒，等等。印象中，每天都很忙，却没有怨言，因为我认为作为家庭的一个成员，就应该为家庭分担责任。况且，父母更加辛劳，早已经作出了榜样。说来也奇怪，劳动虽然辛苦，我却喜欢上山下海，带着劳动成果回家，颇有几分自豪。

自觉分担家庭责任成为我们兄弟和妹妹的习惯。哥哥读工厂的技校时，每月有7元补贴，分文不少交给父母，列入家庭统一的预算。他参军后也将大部分补贴寄回家，留一点零花钱还买茶叶寄回家里。我1973年工作后，工资全部交给父母。1978年调入北京工作，工资也大部分都寄给父母，只留饭钱和很少的零花钱，直到结婚为止。

当父母八九十岁的时候，全家几代人更是齐心照料。同时，兄弟和兄妹之间彼此既亲密又相互尊重。有朋友发现，我与哥哥妹妹之间很少称呼名字，都是称呼“哥哥”“妹妹”，而我们早已经习惯了。哥哥给我发短信，都用书信的格式，称呼“弟弟”，落款“兄”。

可以相信，不少家庭都是这样生活的，甚至比我们家更和谐美满。这就是淳朴的家风，这就是良好的家庭教育。正是因为生活在这样一个普通而正常的家庭，我们兄弟和妹妹都获得了正常的发展。

值得反思的是，如今也有很多家庭不够正常。例如，家人很少在一起做饭吃；孩子几乎不做任何家务；孩子工作多年，吃住在父母家里，却连起码的生活费都不交；等等。这样的家庭实质上就是从父母到孩子都在放弃承担责任，这种不正常的家风可能导致孩子难以正常发展，并可能影响到第三代人的成长。

2022年初，央视播出反映新中国百姓半个世纪生活的电视剧《人世间》，老周家三代人的坎坷经历与淳朴家风，让无数人产生强烈的共鸣。这部电视剧就是三代人的家风传承，就是探寻人的成长。其中，主题歌令人久久回味：“草木会发芽，孩子会长大，岁月的列车不为谁停下。”“世间的甜啊，走多远都记得回家。平凡的我们撑起屋檐之下一方烟火，不管人世间多少沧桑变化。”“我们啊像种子一样，一生向阳。在这片土壤，随万物生长。”我想，这就是家庭生活的颂歌，这就是家风魅力的彰显，这就是代代传承的家国情怀。

孙云晓
生活感悟

1. 何为家风？家风肯定不是一阵风，而是具有鲜明价值观的持久追求，是对家人的激励和约束，说到底，它是一种习惯。如清代朱柏庐《治家格言》（世称《朱子家训》）中的名句“一粥一饭，当思来之不易；半丝半缕，恒念物力维艰。”不就是倡导节约和感恩的家风吗？

2. 将家风与习惯联系起来是符合成长规律的，有什么好家风就有什么好习惯，有什么坏家风就有什么坏习惯。早在两千多年前的战国时代，墨子即以“染丝说”说明了环境的巨大影响力：“染于苍则苍，染于黄则黄，所入者变，其色亦变，五入必而已则为五色矣。故染不可不慎也。”所以，家教好坏看家风，家风成败看习惯，而这是全部社会建设的基础，也是一切教育的基础。

3. 梁晓声小说改编的电视剧《人世间》，展现了东北老周家三代人五十年的坎坷经历，可谓百姓生活的史诗。之所以反响强烈，是因为它唤起无数人的共同回忆，包括我对父母兄妹两代工人勤劳一生的万千感慨。在该剧中，谈及子女教育的内容并不太多，“光字片”棚户区的艰难经历为什么深刻影响了三代人的成长？是因为情同手足、守望相助的生活经历，是因为贫贱不能移的正直家风，而这正是最真实感人的生活教育。所有生活的经典，都是教育的经典。如怀特海《教育的目的》一书中的名言：“教育只有一个主题，就是五彩缤纷的生活。”所以，即使在贫困中艰难奋斗，但只要有一颗向真、向善、向美的心灵，就能给予孩子最好的教育。当然，没有人留恋贫困，向往美好生活是人的本能，但能否在物质富裕时代让精神更加充盈，才是具有挑战性的问题。

第三节　正确看待传统家训

悠久的中国家训发展历史，给我们留下了许多家庭教育的瑰宝，传承至今依然是珍贵的财富。当然，中国古代家训作为封建社会的产物，它存在的一大功能就是维护封建社会的统治，宣传封建社会的合理性，巩固封建社会的制度，所以传统的家训也存在着一些不适合现代家庭教育的内容。

中国向来有着重视家庭教育的优秀传统。远在周朝，周文王的母亲太任就留下过“目不视恶色，耳不听淫声，口不出敖言”[①]的养育经验。在此后数千年间，各朝代所积累沉淀的家教、家规、家训是中华民族宝贵的家庭教育成果，凝聚着我国历代家庭教育的经验。

在中华民族漫长的发展岁月中，家训承载着中国家庭教育的重要功能，家训中的一些教育思想，即使对比当代最新的教育思想和心理学研究成果，仍有值得借鉴和传承的地方。比如《颜氏家训》中所提到的严慈兼施的教育思想：“父子之严，不可以狎；骨肉之爱，不可以简。”[②]意思是父母需要在孩子心中树立威信，不能让孩子恣意妄为；父母与孩子之间的骨肉之爱，也不可过于淡薄疏远。这与心理学家的研究发现——权威民主型家庭的孩子长大后具有更多的社会责任感和成就倾向的结果不谋而合。

爱不偏宠

《颜氏家训》中的“爱不偏宠”的教育思想，在中国逐渐开放二胎和三胎、多子女家庭开始增多的家庭关系中，也非常适用。比如家训中提到

① 刘向．古列女传·母仪传·周室三母［M］．哈尔滨：哈尔滨出版社，2009：9.

② 翟博．中国家训经典·颜氏家训·教子篇［M］．海南出版社，2002：123.

“贤俊者自可赏爱，顽鲁者亦当矜怜”[①]，意思就是，贤良聪明的孩子固然应该奖赏，但愚昧迟钝的孩子也应该得到怜惜。

2014 年 7 月 3 日，《广州日报》报道了东莞市一名 14 岁的女孩因为怨恨父母偏心而杀死 9 岁妹妹的惨案。这名姐姐叫小媛（化名），出生之后就被父母送回了重庆老家，9 岁时才被接到父母身边，而妹妹小春从出生起就一直跟着父母生活。姐姐早早辍学，沉默寡言，妹妹乖巧伶俐，学习成绩又好，所以父母对姐姐的态度总是批评多于鼓励，经常要求姐姐让着妹妹。没想到姐姐小媛竟用水果刀杀害了妹妹。

小媛杀害妹妹的导火索就是父母的忽视和偏心，虽然小媛 9 岁之后被父母接到了身边，但童年与父母的隔阂使得她和父母缺乏良好的亲子关系，从而也失去了与父母有效沟通的渠道。青春期本身就是容易敏感、冲动的年龄，父母对小媛封闭内心的忽视和对妹妹的偏爱，导致她做出了极端残忍的行为，酿成了这个难以挽回的悲剧。所以《颜氏家训》中的“爱不偏宠”就非常值得多子女父母学习。

悠久的中国家训发展历史，给我们留下了许多家庭教育的瑰宝，传承至今依然是珍贵的财富。当然，中国古代家训作为封建社会的产物，它存在的一大功能就是维护封建社会的统治，宣传封建社会的合理性，巩固封建社会的制度，所以传统的家训也存在着一些不适合现代家庭教育的内容。比如：传统家训存在着愚忠愚孝的封建伦理和奴化教育。宋代袁采在《袁氏世范》中说：“若父兄言行之失，显然不可掩，子弟止可和言几谏。若以曲理而加之，子弟尤当顺受，而不当辩。”[②] 这段家训中讲到人在面对父亲和兄长的失当行为时都要逆来顺受，说明有些传统的家训缺乏人人平等和尊重孩子的教育观念。

现实生活中，强调家长权威、希望对孩子有绝对控制力的父母依然存在。

---

① 翟博 . 中国家训经典 · 颜氏家训 · 教子篇 [M] . 海南出版社，2002：123.

② 夏家善 . 袁氏世范 [M] . 天津：天津古籍出版社，2016：10.

在来信咨询的父母中，有很多父母对孩子的顶嘴苦恼不已，希望自己培养出来的孩子能听话、乖巧。事实上，在孩子成长的过程中，至少在两个阶段会出现叛逆和不听话的行为表现：一是3岁左右的第一叛逆期，这个时期的孩子什么事都想自己做，对父母的干涉，哪怕是热心的帮助都会表现出极大的不满；二是进入青春期后的第二叛逆期，这个时期的孩子为了证明自己的成长，而喜欢坚持自己的观点，与父母唱反调。孩子在这两个阶段出现对父母的某些顶撞行为是正常的现象，也是成长的需要，这时如果用封建专制的思想来打压孩子，反而会损害孩子的身心健康。

又比如，传统家训强调明哲保身，压制孩子勇于冒险和追求卓越的精神。中国传统的家训，有些是在战火纷争、社会动荡的社会背景下形成的，如南北朝颜之推的《颜氏家训》；有些虽然产于太平盛世，却要面临宫廷争斗的险恶，如唐代李世民的《帝范》。在这种随时都有杀身之祸的社会背景下形成的家训，强调适应性、依附性，排斥变革，很少创新，带着明显的安分守己、明哲保身的消极思想。这种消极思想无疑会扼杀孩子勇于质疑的个性，让孩子失去打破常规的创新精神。比如唐代《太公家教》中提到“他篱莫越，他事莫知”，这可能会压制孩子的好奇心；“心能造恶，必须净之”，则可能压制孩子的幻想力；“非是时流，即须避之”，可能会压制孩子的冒险精神和创新力。①

小学生的质疑

多年前，我曾经听时任教育部总督学的柳斌先生讲过一个故事：在北京光明小学四年级的一节语文课上，语文老师在讲《麻雀》这篇课文，课文的内容是一只老麻雀为了保护幼崽而不惜与猎狗殊死周旋。教学参考书上说：“这只老麻雀的行为表现了伟大的母爱。”这时一个男生举手，说：“老师，我不同意这个结论！”老师惊讶地问：“为什么？”这个男生振振有词：

① 陈明. 中华家训经典全书［M］. 北京：新星出版社，2015：163.

“你怎么知道这是只母麻雀呢？它为什么不是公的呢？为什么一定是母爱，为什么不是父爱呢？这篇课文我从头到尾看了好几遍，没有一个地方说它是母麻雀啊。”这个问题把老师给问倒了。老师教了这么多年书，还没有一个学生提出过质疑呢。但这位老师并没有感觉自己的权威受到了挑战，相反她觉得这个学生想问题的角度很独特，很有独立思考的能力。她不仅表扬了这个孩子，而且还把课本上的标准答案按照孩子的意见进行了修改。

假设父母从小要求孩子安分守己、明哲保身，那么这个孩子还敢于向老师提出质疑吗？可能不会。所以说，在新的时代，传统家训中的消极思想是要摈弃的。

孙云晓
生活感悟

1. 家训是什么？是文化基因，是教育密码。当然，我们需要选择那些优秀的家训来借鉴和传承。有些传统家训适合当代需要，是因为符合教育规律。我之所以特别推荐《钱氏家训》，一是它本身就是中国家训乃至传统文化的集大成者，二是有人才辈出的实践来验证，三是它体现了转型社会的时代要求。

2. 好的家训一定是把做个好人放在第一位。据钱家后人介绍，钱家人聚会时经常会背诵《钱氏家训》，开头即是：“心术不可得罪于天地，言行皆当无愧于圣贤。曾子之三省勿忘，程子之四箴宜佩。”家训中还充满老子的智慧：“聪明睿智，守之以愚；功被天下，守之以让；勇力震世，守之以怯。”

3. 走进几千年的中国家训史，可以触摸到家庭教育最深厚的根基。糟粕自然有不少，但精华更多，比如博采众家之长而形成的《钱氏家训》。为什么江南钱家会涌现出钱学森、钱伟长、钱三强、钱穆、钱钟书等杰出人物？其家训就有许多志存高远的要求，如“利在一身勿谋也，利在天下必谋之”等。

4. 后代发展的状况是对家规家训效果最好的检验。《颜氏家训》成书于隋代，作者颜之推严谨治学的思想影响了后代，涌现出唐代的著名学者颜师古、书法家颜勤礼和颜真卿等人。近代思想家梁启超写下大量家书，耐心引导，因材施教，九个孩子个个成才，其中一门三院士更是极为罕见的。

第四节 培养与时俱进的现代家风

创新意识和质疑精神在中国传统家训中较为缺乏，却是中国当今社会孩子最为需要的优良品质。

虽然今天传统的家训文本范式已经很难看到，但家训的家庭教育功能依然值得我们的重视，我认为现代的家训与家风应该具有以下特点：

一、现代家训与家风应该以尊重孩子的身心特点与权利为前提

父母制订家规家训是为了孩子的健康成长，而不同年龄段的孩子的成长特点有诸多不同，所以父母在制订家规家训时，需要以尊重孩子的生理和心理特点为前提，并随着孩子的成长不断完善家规家训。

对于幼儿来讲，意外伤害是导致儿童死亡的主要原因，所以，父母在设定家规家训时，需要有对意外伤害的防范要求，如：不许幼儿自己去接触插座、燃气、电线等有可能对他产生伤害的东西；到了小学，孩子的近视和肥胖会成为最常见的问题之一，而制订养成健康生活方式的家规就很重要；到了中学，孩子开始出现越来越多的叛逆行为，这时的家规家训就要尊重青春期的特点，一方面不能太多太细，避免给孩子带来太多的束缚感，另一方面也要设定一些底线，比如不能伤害别人、不能撒谎、不能夜不归宿等。

以上只是不同年龄阶段孩子的部分特点，父母制订家规时，还需要全面了解每个时期孩子的特点，并鼓励和支持孩子参与制订家规。

除了每个阶段的成长特点不同，每个孩子本身也有其独有的特点，这也是父母们需要注意的。比如有些孩子主动性强、控制力差，对于这样的孩子，家规可能就需要严格一点、细致一点；有些孩子主动性弱，控制力强，对他的家规就需要宽松一些，多一些鼓励。

二、现代家规与家风应该注意保护孩子的创新意识和质疑精神

创新意识和质疑精神在中国传统家训中较为缺乏，却是中国当今社会孩子最为需要的优良品质。封建社会的家规家训是社会意识形态的家庭化，为了减少矛盾和冲突，很多家规家训强调消融自我意识，这在很大程度上束缚了孩子的个性化发展，更剥夺了孩子的创新意识和质疑精神。而到了今天，建立创新型社会、培养创新型人才已经成为国家发展战略，所以保护孩子的创新意识是现代家训中不可缺少的重要内容。

北师大心理学家陈会昌教授通过对诺贝尔奖获得者和其他高成就者的自传、传记的分析发现，取得高水平成就需要的心理条件主要有六条：1. 对自己感兴趣事物的巨大内在兴趣和高度热情；2. 不可阻止的、自发的学习行为；3. 强烈的成长动机（超越、巅峰动机）；4. 反潮流精神；5. 独立性、创造性、求新求异性；6. 孜孜不倦的工作态度和克服困难的坚韧精神。①

对照一下会发现，中国的传统家训中对创新和质疑的鼓励与支持是较为缺乏的，许多家训更强调服从权威、遵守规矩等，这对孩子的独立性、创新性是有很大束缚的。

生活在新时代，父母在和孩子制订家规或家训时，就需要注意保护孩子的好奇心，积极鼓励和支持创新与质疑，避免对孩子有过多的压制，因为家庭教育对孩子创造性的学习有着启蒙和引导的作用。孩子的好奇心是天生的，对外界事物的探索也是创新意识的萌芽，这时父母如果能够保护孩子的好奇心，鼓励孩子的探索精神，包容孩子的探究行为，则会给孩子创造性学习能力的发展打下基础。

2015 年 1 月 26 日，《海峡导报》报道了一起初中生在楼道做实验引发爆炸的新闻。原来这名学生在厦门某中学读初三，在所有的科目中，他的化学成绩最好，也最喜欢化学。但学校的实验室并不能满足他做实验的

---

① 杨咏梅. 尊重的土壤才能培育出饱满的种子［N］. 中国教育报，2014-9-25.

兴趣，于是他从网上买了一大堆做实验的器具，经常在家里做实验。事发当天，他在楼道里摆弄两个小花瓶，将一些粉末混合后装在花瓶中，然后将棉花搓成引线，点燃后跑开。没想到花瓶爆炸的威力之大令人震惊，不仅墙壁上消防栓的玻璃门被炸得粉碎，连楼道里的天花板都被炸得面目全非。

那么对于孩子这样的行为，学校会如何考虑制订校规，父母会考虑应该制订什么样的家规呢？如果父母从此就禁止孩子做化学实验，无疑是扼杀孩子的创新精神。父母应该学习爱迪生的母亲，当她发现儿子迷上了科学实验后，专门为爱迪生开辟了一间地窖作为科学实验室，让他在规定的、安全的范围内进行各种各样的实验。

三、现代家训和家风的重要特征是倡导勇于承担社会责任

看一个家庭的家训和家风对这个家庭的孩子有没有一种深远的影响，还有一个标志，就是看这个家训和家风的格局，即家长是不是倡导勇于承担社会责任，这是现代家风和传统家风的重大区别。

我举一个例子，特别能说明这个问题。为什么江南钱家人才辈出？钱学森、钱伟长、钱三强、钱钟书、钱穆……钱氏家族传承三十多世，仅遍布海内外的科学院院士就有 100 多人。有评论称钱氏家族千年兴盛、近代俊彦接踵的原因在于家族重视传统教育的家庭教育模式。

作为吴越国武肃王钱镠的后代，钱氏家族有千年的家训，但是到了 1924 年的时候，钱镠的三十二世孙钱文选对家训做了一次大的修订。钱文选根据先祖武肃王八训和遗训，又吸纳了中国传统文化的一些精华，把各种家训的精华吸收在一起，修订成为新的《钱氏家训》。新的《钱氏家训》由四个部分组成：第一，个人；第二，家庭；第三，社会；第四，国家。2021 年 6 月，《钱氏家训》被国家列为非遗项目。

请看其社会篇和国家篇：

社会篇

信交朋友，惠普乡邻。

恤寡矜孤，敬老怀幼。

救灾周急，排难解纷。

修桥路以利人行，造河船以济众渡。

兴启蒙之义塾，设积谷之社仓。

私见尽要铲除，公益概行提倡。

不见利而起谋，不见才而生嫉。

小人固当远，断不可显为仇敌。

君子固当亲，亦不可曲为附和。

国家篇

执法如山，守身如玉。

爱民如子，去蠹如仇。

严以驭役，宽以恤民。

官肯著意一分，民受十分之惠；

上能吃苦一点，民沾万点之恩。

利在一身勿谋也，利在天下者必谋之；

利在一时固谋也，利在万世者更谋之。

大智兴邦，不过集众思；大愚误国，只为好自用。

聪明睿智，守之以愚；功被天下，守之以让；

勇力振世，守之以怯；富有四海，守之以谦。

庙堂之上，以养正气为先；海宇之内，以养元气为本。

务本节用则国富，进贤使能则国强，

兴学育才则国盛，交邻有道则国安。

……

何为“利在一身勿谋也，利在天下者必谋之”？意思是说，当这个事情只是对你和你的家庭有好处，你不可轻举妄动；如果这个事情对天下有好处，对国家有好处，你就责无旁贷，应尽力谋之。

《钱氏家训》的这种转型具有非常深远的意义，这种具有家国情怀的转型，这种倡导社会责任、人生追求的格局很大气，这也是钱家人才辈出的非常重要的原因。

总而言之，当今社会，父母需要在继承优良传统文化的同时，根据时代发展的需要，注重塑造新时代的家风，比如强调家庭成员间的民主、平等，尊重孩子的个性和特点，鼓励孩子的质疑和探索精神等，以弥补传统文化的缺陷，引领孩子平衡协调地发展。

孙云晓
生活感悟

1. 儿童的言行不仅是家风的镜子，也展示出家风的鲜明烙印。作家张之路讲起在全国各地的讲课，最难忘的是小学生的言行：有的孩子先请他坐下才提问；有的在身后为他捶背，说应该孝敬长辈；有的却信奉“人没脸皮，天下无敌”的格言。任何一个家庭，如果不能在孩子十岁之前教其学会做人，家庭教育就是重大失败，甚至孩子可能面临巨大的人生风险。

2. 2020年新冠疫情防控期间，本应少出门，可是我惦念96岁老母亲，岂能不归。好在青岛疫情控制良好，我就从北京匆匆返回家乡。老母亲住院两个月，真担心她难以下床，她却坚持下床与我们吃饭。总觉得老人虚弱不堪，其实她比我们坚强。说起住院所见所闻，老母亲说得什么病都不怕，一定要听医生的，该怎么治疗就怎么治疗。午餐前，我与哥哥妹妹和老母亲再次合影，年近七旬的哥哥先为母亲梳理头发，而年过六旬的妹妹对母亲更是多年如一日百般照料，一个个温馨细节令我感动。一个普通的家庭因为有父慈子孝的良好家风，可以克服无数艰难困苦，从而与幸福相伴而行。

3. 家风建设实际上是家人的习惯养成，校风建设同样如此，其重要性不言而喻。问题在于，概念化的要求难以养成习惯，要考虑从何处入手才有好的结果。《福格行为模型》认为这属于群体行为设计，第一原则是帮助人们做他们已经想做的事，第二原则是帮助人们感受成功。有些家庭之所以家风建设不理想，可能与要求过于高、大、全有关，难以调动家人的积极性。行为设计学认为，容易做到的行为更可能成为习惯，一点小改变会带来大改变。所以，改变家庭或学校群体行为，要从群体成员的愿望出发，设计容易的行为，这才可能逐步养成习惯，培养出良好的家风和校风。

第五章

为孩子提供丰富多彩的生活体验

每一个孩子都有发展的无限可能，但有些父母对自己的孩子总是缺乏信心：他能行吗？我看他对什么都不感兴趣，没有一样特长。实际上，对什么都不感兴趣的孩子是不存在的，他们只是缺乏丰富多彩的体验，他们的潜能需要被激发。

每个孩子都是一座宝藏，他们成长的每一个瞬间都能让人由衷地发出赞叹。但是很多父母在想方设法教育孩子的时候，却往往忽视了孩子本身的力量释放。

例如，儿童参与课外班的比例为60.4%，从课外班参与目的上看，提高成绩（44.39%）、掌握知识（32.83%）、掌握学习方法（21.00%）、培养学习习惯（17.81%）、先学有优势（10.58%）等有关学习方面的动机更为主要。这是中国儿童中心发布的《中国儿童发展报告（2019）——儿童校外生活状况》所提供的数据。由此可见，大部分儿童在课余时间会参加课外补习班，而参加课外班最主要的目的是学习、考试和成绩。儿童的课余生活仍然被文化课学习充斥着，没有足够的时间参加多样化的活动，没有空间释放自我。

第一节　给孩子自由支配的时间

父母给孩子适度的空间，给孩子自由安排时间的机会，孩子才能在体验中发现自己的潜能优势，获得富有激情的发展。

日常生活中，孩子们能够参与的活动有很多，例如：参观博物馆和科技馆、结伴去郊外踏青、选择参与富有挑战性的夏令营、体验适合自己的体育活动、参加各类兴趣小组等。身为父母，我们要尊重孩子，多留给孩子时间与空间，让孩子有机会去尝试、去探索，在不同的活动中获得不同的体验，挖掘自己的潜能，感受、认识自己，并进一步使自己的能力得到释放与发展。

教育家陶行知先生说，要解放孩子的头脑、双手、双脚、空间、时间，使他们充分得到自由的生活，从自由的生活中得到真正的教育。积极引导孩子参与多样化的活动，就是帮助他们在自由的探索中走进自己内心，激发个人的潜能，健康而快乐地成长。

一、父母管得太多，孩子失去自我

当一个人被束缚过多，他的潜能便无法释放，久而久之，就像失去翅膀的鸟儿一样，难以自由自在地飞翔。

2013 年 8 月 13 日，《重庆商报》报道了一则新闻：重庆一名女医学博士，在感情受挫后赴泰国人工授精，怀孕之后却精神失常。

这名女博士叫杨某，自幼丧母，父亲视其为掌上明珠，含辛茹苦地将她培养成了一名医学博士。但由于父亲的过度溺爱，杨某虽然学习优秀，但在生活上像个小孩，缺乏基本的人际交往能力。

杨某研究生毕业之后都快 30 岁了，还不会谈恋爱，父亲这时才着急地给她张罗对象。但缺乏异性交往经验的她在感情上屡次受挫，最后还被一个有家室的男人给骗了。感情受过伤害后，杨某做了一个特殊的决定——不再找男朋友，而是通过人工授精去做单亲妈妈。

2012 年 7 月，在大学任教的杨某突然失踪，学校领导和父亲都不知道她去哪里了。直到有一天警方通知杨某的父亲，说在重庆的街头发现了杨某。当父亲在街头看到自己的女儿时，老泪纵横，原来女儿不仅怀了身孕，而且已经精神失常了。最后通过警察的调查才知道，杨某在一年前突然离开学校，通过中介去泰国做了人工授精。缺乏生活经验的她在怀孕之后才知道生活的艰辛，最后在花光了积蓄后精神失常，流落街头。

杨某的悲剧较为极端，但其教训有着普遍性的意义，即父亲过多干涉了其生活的安排，只注意培养她学习知识，却忽视了对她独立意识和生活能力的培养，这导致了她成人之后的所作所为根本不能适应现实的社会。

很多父母都希望孩子能按自己的意愿成长，以为这样安排，孩子的生活就会一帆风顺、没有危险。但是，如果家长控制了孩子所有的时间，也就意味着控制了孩子的生活、追求和意志，这样给孩子带来的必然是被剥夺自由的痛苦和自理能力的丧失。对于这样的孩子，家长还能指望他独立、有思想、有创新吗？

二、一个不能安排自己时间的人，怎么能长大呢

父母给孩子适度的空间，给孩子自由安排时间的机会，孩子才能在体验中发现自己的潜能优势，获得富有激情的发展。

河北女孩解某就是一个例子。她曾就读于河北大学外国语学院，大学三年级时，她凭着专业第一的好成绩，被美国圣地亚哥州立大学录取为交换学生。在美国，她保持了全 A 的好成绩，并获得了里根奖学金。大学毕业时，她以托福 117 分（满分 120 分）的好成绩，被美国马里兰大学录取为全额奖学金的直博生。

一个女孩不仅能在国外良好地独立生活，而且还能取得优异的学习成绩，说明了她的优秀，也得益于父母对她的良好教育。解某的母亲陈妈妈是河北司法警官职业学院的教授。在谈到对女儿的教育经验时，她认为父母教养孩子时应该画一张“心理地图”，就像人要去旅行就需要先查一下地图一样。“心理地图”是父母根据孩子自身特点给予的规划，同时这个规划又需要根据孩子的成长不断修正。

在教育女儿的过程中，陈妈妈虽然也会像其他父母那样给女儿报很多课外班，不过这其实是让孩子拥有更多的体验和选择。母亲不仅会让孩子自由安排时间，而且还让她自己去选择符合其潜能优势的科目。女儿在先后学过钢琴、绘画、声乐、英语、奥数后，发现自己的优势是语言和文字，于是开始把做小主持人作为自己的特长，然后通过自己的努力学习，一步一步走到知名学府的博士。

如果父母想让孩子变成一个独立自主的孩子，只需要在管束孩子时把握一个度。对于大是大非的原则性问题，父母可以提建议给孩子参考，做一个从旁协助的角色，切勿完全替孩子做决定，而是要给孩子一定的独立空间，学会放手。

三、有自由感才是具有健康人格的人

一个具有健康人格的人是自由的人，而自由主要体现在这个人能够自觉、自动、自主，并且有选择地支配自己的行为。这种自由感不是凭空产生的，其中很大一部分来自童年时期对自由支配时间的体验。

许多父母训斥孩子的口头禅是“就知道玩，还不赶快去学习”。中国青少年研究中心的调查发现，城市中小学生每天可支配的自由时间约为68分钟。他们每天要温习功课，其中，超过50%的中小学生在完成学校的功课后，还要完成父母安排的课外作业。高达47%的父母承认“为了学习，不让孩子看他喜欢的电视节目”，86%的父母认为“孩子看电视多了会影响学习”。

自由支配时间，意味着儿童拥有了热情地实现自我、用创造性的方法表达自我的机会。剥夺儿童的自由支配时间，实际上是在剥夺儿童成长和发展的机会。中国青少年研究中心对城市中小学生的调查表明，有更多自由支配时间的中小学生自信心更强，并且比自由时间较少的孩子有更强的成功需要。因此，父母们应转变观念，帮助孩子有效地利用时间，发现生活乐趣，展示自己的才华，让孩子成长为具有健康人格的人。

怎样给孩子自由支配的时间，让孩子享受自由的乐趣呢？我给父母朋友提出下列建议：

一是每天给孩子留出可自由支配的时间。一些父母总怕孩子的时间空下来，当孩子写完作业以后，马上给他安排了画画，刚画完画，又安排了学外语，外语学完了还有钢琴。这样做使孩子没有了自己的计划和想法，几乎成了一个机器人，在大人的紧张安排下失去了自我，以致越来越懒散、麻木和消极。

二是让学习时间和玩耍时间分开。有的父母总是埋怨孩子写作业太磨蹭，边写边玩，却不知道这些坏习惯有可能是自己给孩子养成的。因为父母经常无限地给孩子加压，孩子没有玩的时间，复习了这科又复习那科，都复习完了以后还要再做些高难度的题目。这样做不仅使孩子对所学的科目厌烦，而且容易使孩子养成磨蹭的坏习惯。因为他没有自己可自由支配的时间，又做不到不玩，往往采取“迂回”的办法，以争取可玩的时间。

孙云晓
生活感悟

1. 许多父母恨不得把孩子的每一分钟都安排得满满的，似乎只有这样才不会浪费时间，其实并不明智。评价一个孩子是不是现代儿童，重要的标准之一是看其可自由支配的时间有多少。孩子的发展目标是走向独立，成为一个自主的人。因此，希望父母引导孩子变被动为主动，学会自我管理和自主安排。

2. 每次回故乡青岛，我都感慨万千，太多孩子被送进各种各样的培训班，却很少来海边玩。其实，让孩子玩玩沙子，喂几次海鸥，引导孩子喜欢大自然，比上什么培训班都有益处。而且，如果人在童年未能与大自然建立亲密的情感联结，可能一辈子都难以真正陶醉于自然之美。

3. 如果孩子在闲暇时不知所措，那可能是一个危险的信号，因为无所事事的孩子最容易受到不良诱惑。所以，需要培养孩子多一些兴趣爱好，尤其是阅读、运动、手工制作和琴棋书画等。教育家陶行知提醒道，人当忙时不会走歧路，一遇空闲，危险就来了。因此，要注意培养孩子种种正当娱乐的良好习惯。

第二节　让孩子在多样化的体验中健康成长

每个孩子都拥有巨大的潜能，而这潜能需要激发，更需要发现，所以他们最需要丰富多彩的体验，这对他们的一生发展具有决定性的意义。

参加课外活动有利于儿童认识、发展自己。在助人为乐的活动中，通过与他人互动，孩子们可以真诚地付出爱心，从中体会爱的真谛；在兴趣小组活动中，通过各样的尝试与探索，孩子可以在活动中发现自己的潜能优势，找到贡献个人才能的实践机会；在各类体育活动中，通过多方面的身体锻炼，孩子可以在运动中突破自我，激发个体勇敢而顽强的意志。

微软创始人比尔·盖茨小的时候，父母鼓励他参加各种活动。有一次他参加了丛林野营活动，组织者要求孩子们在一个星期的时间里徒步 80 公里。当时比尔·盖茨穿了一双崭新的高筒靴，但是新鞋不大合脚，走起路来不太舒服。到了晚上休息时，脱了鞋，他发现脚后跟已经被磨破了皮，脚趾上起了许多水泡，但第二天他继续紧跟队伍。慢慢地，他的脚开始红肿，开裂的皮肤还流了血，同伴都劝他停止前进，但盖茨只是摇摇头，用药棉和纱布包扎之后选择继续前进。就这样，他一直坚持到一个途中站检查，领队发现他的脚发炎得非常严重，才中止了这次徒步活动。

每天 13 公里徒步行军，有时穿越森林，有时要翻越高山，即使身体不适，盖茨都从未想过放弃。在活动中，他勇敢而顽强，磨炼了精神与意志，更激发了自己坚韧不拔、永不放弃的信念。各种活动的磨砺使他一步步成长，更为他日后考入哈佛却又毅然退学创业，直至成为微软创始人的人生奋斗之路打下坚实基础。

课外活动不仅能够促进孩子释放个性和发展潜能，还能够激发其学会合作并承担社会责任。2020年初，我国发生了新冠病毒感染疫情，许多孩子被困在家中，但通过互联网，他们参与了各种各样的“云”活动。一个名叫张筱悠的二年级小学生参与了“声临千万家”的活动，她用英文为《武汉加油》的宣传片配音，被湖南卫视《声临其境》节目组选中播出，纯净的声音激励了很多被疫情所困的人们。张筱悠一字一句的配音，展现出一个儿童对疫情的感受与思考，她用自己纯净温暖的力量来感动人心。

一、内心机敏的孩子为何当了一回傻瓜

很多年过去了，我依然难以忘记初中生王一繁的故事，这是个外表憨厚而内心机敏的北京男孩。

一个偶然的机会，他在中央电视台的《体验》节目中“体验”了一回。之后，他写了一篇感想《我当了一回傻瓜》。他妈妈给我看了，我读来颇感有趣，相信对父母们也会有一些启发。

王一繁写道：

我这个人心眼儿比较少，所以当接受这项任务时，想都没想就答应了。从这儿开始，我就当上了傻瓜。

不过，我也不是一点儿没有动脑筋。虽然编导事先并没有告诉我体验什么，但我想节目的名字是“体验”，很可能是考验能力的，在家里免不了要做个饭什么的。所以在拍摄的前一天，我就问了爸爸炒土豆丝的方法。

不出所料，拍摄那天，编导向我宣布了当天的任务：给我30元钱，自己动手给家人做一顿午饭，然后按要求去取东西和送东西，所有的饭费和车费用30元钱解决，节省下来的钱归自己。我当时挺高兴，一是庆幸前一天英明地问了爸爸怎么炒土豆丝，二是觉得一天不白过，30元肯定有赚。

我先去了菜市场。虽然说出门的时候还独自计划：怎么砍价，怎

么省钱……可到了摊上就全乱了：原来土豆不能买半斤，人家嫌生意太小；葱要买成捆，白给我爸妈作了够吃半个月的贡献。最狼狈的是为了怕忘了买葱姜等零碎，我始终自言自语、念念叨叨的，全忘了编导在我身上配了可录音的无线话筒，节目播出后透着一股傻劲儿。

其实我做的饭很简单：炒土豆丝、煎鸡蛋、小泥肠和米饭。当我千辛万苦把这些菜端上桌以后才发现，除了米饭，所有的菜都做少了，只够我一个人吃，而且一点儿青菜也没有。钱倒是省了，用了还不到7元钱。真叫我爸说着了，照这么过，我家就买得起房子和汽车了。

吃完饭，我就上路去别人家取东西。问路我会，虽说我问过蒙头蒙脑的外地人，但这种错误不会多犯。可我从小注意力就不集中，办事情慌慌张张的毛病真害苦了我。

费尽周折才找到那人家，而且多走了一公里，脚也疼啊。出乎意料，人家交给我5000元钱，让我转交给另外一个人。我吓了一跳，这辈子从来没见过这么多钱。不过转念一想，反正有电视台的叔叔阿姨“保驾”，出不了大事，又安心了。给我钱的人让我写收条，我是想都没想就写了，根本没想过这是编导设的一个圈套。

我又走了不少冤枉路，找到了收钱的人家。虽然我的脚疼得要命，可我还是满心欢喜地敲起了门。没想到又中了埋伏，家里没人，旁边出来了个邻居“对付”我。我当时想，这准是编导故意安排的，加上对邻居的信任，也想早把事情了结，好坐下歇会儿喝口水，就把钱交给了那个人。

邻居数了钱，告诉我少了100元，直到我保证一定补齐才放了我。事已至此，我才恍然大悟：我这个大傻瓜，给人打了收条不数钱，活活让人坑了。社会真是太复杂了，难怪爸爸妈妈常说，害人之心不可有，防人之心不可无。这回我算是真记住了。

节目拍完了，我懂得了不少道理。生活中不仅需要知识，还需要各种能力。通过这次体验，我发现了自己能力上的差距，生活能力、办事能力、判断能力都不强，而且思想单一、缺乏经验、粗心、轻信他人。我要感谢《体验》节目的叔叔阿姨给我这次当傻瓜的机会。

可以说，这是一次难得的体验机会。在体验中，王一繁学到了好多与生活密切相关的知识。这些知识技能在一些父母眼里也许很不起眼，因为父母常常觉得学习好才是最关键的本领。在这样的“爱心”支配下，孩子们做许多事情的权利都被父母剥夺了。但王一繁一天的经历告诉父母们，光让孩子学习而不让孩子体验生活，孩子是无法真正成长的。

王一繁是一个在北京城里长大、见多识广的孩子，而且在拍摄前，他也有所准备，尽管这样，他还是当了一回“傻瓜”。试想，如果父母们不多给孩子一些体验的机会，将来孩子自己如何能去面对复杂的生活？

二、体验是一种不可或缺的学习

中央电视台的编导吴小岩谈到他们策划《体验》节目的初衷时，说道：

应试教育使得许多学校和家庭都把主要精力放在了如何提高孩子的成绩上面，从而忽视了对孩子能力的培养。随着教育观念的变化，人们已经意识到，一个人的成功除了智力因素外，很大程度上取决于非智力因素，例如与人合作、自我激励、处理事情的应变能力及思考问题的方法，等等。

越来越多的独生子女拥有了比以前更为优越的生活、学习条件，但这同时也带来家庭和社会对孩子的娇惯和放纵。在很多父母和老师眼里，他们的孩子只要学习好就行了，其他的事情，例如买菜、做饭、去陌生的地方取送东西，一律不用多管多问。

其实对一个十几岁的孩子来说，做这些事情只需要一些很基本的技能，可大部分的孩子都没有做过这些事。如果让他们在一天内去完成这样几件事，他们能完成吗？完成得又怎么样呢？这个问题，恐怕父母不知，老师不知，孩子本身也不太清楚。为此，在一个周末，我们请来了一名初中二年级的学生，让他真实地体验了一下长大成熟的感觉。

吴小岩的话也许正是需要父母和教师思考的问题。当父母怪孩子不懂事的时候，是否想过，自己曾经给孩子懂事的机会了吗？当父母怪孩子能力不如人家的时候，是否想过，自己曾经让孩子到生活中去体验过吗？其实，体验也是一种学习，而且是一种更贴近生活的学习。

在呈送给联合国教科文组织的报告《教育——财富蕴藏其中》里，国际 21 世纪教育委员会提出："能力是每个人特有的一种混合物，它把通过技术和职业培训获得的严格意义上的资格、社会行为、协作能力、首创能力和冒险精神结合在一起。""交往能力、与他人共事的能力、管理和解决冲突的能力……越来越重要。"可见，人的能力是多方面的，光有好的学习成绩并不能证明这个人将来一定能够很好地在社会上立足。

三、做母亲的最好只有一只手

怎样让孩子在体验中获得真正的能力？给父母们提出下列建议：

1. 相信孩子的潜能

每个孩子都有自己与众不同的能力，关键在于父母怎样去激发这些潜能。要孩子体验生活，首先需要相信孩子，并且了解孩子的能力，这样才能真正放手让孩子去做事情。

2. 对孩子大胆放手

父母只有对孩子真正放手，孩子也才能因此获得许多体验的机会。教育家陈鹤琴说："做母亲的最好只有一只手。"说的就是要对孩子放一只手，有些问题要让孩子自己去尝试，去体验。

3. 教给孩子一些生活常识

父母不敢让孩子去体验，大多是怕有危险，希望孩子平安，但逃避不能帮助孩子真正长大。父母要在日常生活中多给孩子讲一些生活常识，孩子懂得多了，胆子也就会大一些，能力也会有所增强，掌握生活常识是学会生存的重要一环，很值得一学。

孙云晓生活感悟

1. 生活是最好的教育，田野是最好的平台。在韩国首尔看央视4套《外国人在中国》之《寻找神奇的挂面》。3岁的憨憨成了主角，因为法国爸爸和中国妈妈都注重让孩子体验生活的乐趣。为掌握空心挂面的12道工序，爸爸甚至把儿子从梦中唤醒。生活本身充满乐趣、艰辛与智慧，对每个人而言都是最需要也最重要的必修课，对儿童来说尤其如此。

2. 教育家陶行知说春天不是读书天，不是真的说春天可以不读书，而是强调春天来了，万物复苏，让孩子亲近自然比在屋里读书更重要。这就是生活教育的独特魅力。对于儿童来说，没有春游就像没有春天，没放风筝难以体验智慧与自由，没有游戏的童年更是苍白的。所以，不能解放孩子的父母是失职的父母。

3. 当今青少年的一大弱点是直接经验太少，而最能给人以智慧和信心的莫过于直接经验。应邀为北师大实验中学400名初二学生讲演时，我用6次访问日本的感受，为他们即将赴日本修学旅行提供建议。我说，青少年是在体验中探索成长的，父母和老师不能代替他们成长，更不能代替他们体验。

4. 为什么儿童的能力常常令成年人惊讶？为什么儿童会许多成年人完全没有教过的本领？在《吸收性心智》一书中，蒙台梭利揭示了其中的奥秘：

"儿童的内在都有一个不辞辛劳的导师，他教学技巧高超，以至在全球各地的孩子身上，都获致相同的成果。"我们最需要的教育是给孩子体验的机会。

5. 最好的幼儿教育方式是丰富多彩的体验，是比游戏更为多样化的体验，是尽可能见多识广的体验，包括体验过程中的智慧性引导。蒙台梭利说，成人会赞赏环境，儿童则是吸收环境。没有什么比儿童的吸收性心智更为重要，它塑造了人，并使他能适应任何形态的社会秩序、气候和国家。

第三节　让孩子体验没有网络的快乐生活

用密切的亲子关系代替冷漠的亲子关系，用丰富多彩的生活代替单调的生活，用成功的体验代替失败的体验，这是家庭教育三个非常重要的基本方法，也是预防孩子沉迷网络的有效对策。

一、网络时代需要更加积极健康的亲子关系

从古今中外的历史看，真正的人才都是个性化发展的结果，在网络化迅猛发展的时代尤其如此。

2021 年 7 月，共青团中央维护青少年权益部、中国互联网络信息中心（CNNIC）发布了《2020 年全国未成年人互联网使用情况研究报告》。报告显示，2020 年我国未成年网民规模达到 1.83 亿，未成年人的互联网普及率达到 94.9%，我国未成年网民规模连续两年保持增长。①

2018 年 1 月 11 日，《2016—2017 中国儿童网络素养状况系列研究报告》发布，平均有超过 29.1% 的学龄前儿童（3 岁至 6 岁）每天使用网络的时间在 30 分钟以上。此后，随着年龄的增长，网络使用时间逐渐增加，到了 14 岁，已有 60.8% 的儿童网络使用时间超过 30 分钟。

2018 年，中国青少年研究中心和国本家庭教育研究中心（新家庭教育研究院）等机构完成了一项国际性课题，即中国、美国、日本和韩国四个国家联合展开网络时代亲子关系的比较研究（以下简称四国比较研究），研究成果解读报告在 2018 年 10 月 27 日《光明日报》整版刊出。这是一份沉甸甸的报告，值得广大父母和家庭教育工作者阅读和反思。关于本次研

---

① 2020 年我国未成年网民规模达 1.83 亿［EB/OL］.（2021-07-20）https：//baijiahao.baidu.com/s ？ id=1705812335920983820&wfr=spider&for=pc

究的主要发现，给我留下最深印象的有三点：

一是许多中国父母过于注重学习而忽视与孩子的情感交流。网络与人工智能时代最需要的不是知识的学习而是人性的养育，人格的健全是迎接新时代挑战的关键因素。然而，与美日韩相比，中国中小学生经常和父母交流的比例最低，原因之一是学习成为中国中小学生亲子交流的首要话题的选择率最高，父母总说自己是对的和老说学习的事。所以，中国学生与父母发生冲突的比例最高，冲突主要发生在学习等方面。

二是对网络的妖魔化可能导致中国学生落伍。近七成中国中小学生拥有智能手机，拥有率仅次于韩国学生，但中国中小学生触网率最低，接近八成，韩国、美国中小学生触网比例高达 98%。中国学生上学日每天上网时间最少，中国学生休息日上网时间较短的比例最高。为什么差别如此显著？显然与中国父母与教师的严格控制有关。中国学生使用社交网络与父母聊天的比例最高，也未必都是学生的自觉自愿，很可能是与父母的特别关心乃至控制有关。

三是中国孩子通情达理，其忍耐与包容达到惊人水平。尽管中国学生认为父母理解孩子、倾听孩子烦恼的比例最低；尽管中国学生经常与父母一起做家务、运动和读书的比例最多，经常一起看电视、上网、外出购物游玩的最少，与父母一起过生日的比例也最低；尽管近半数中国父母有和孩子边说话边玩手机的情形，但九成多中国中小学生表示与父母在一起感到快乐，八成多中国中小学生认为子女和父母应该是朋友关系，但仅四成认为各自可以做喜欢的事，互不干涉。

从四国比较研究数据发现，平时经常和父母（监护人）聊天的中国中小学生只有 57.7%，不到六成，而日本、美国、韩国依次为 81.7%、81.0% 和 79.0%，分别比中国高 24.0、23.3 和 21.3 个百分点。此外，有 7.8% 的中国中小学生平时和父母（监护人）不太聊天或不聊天，美国、日本和韩国依次为 3.9%、3.4% 和 1.8%，分别比中国低 3.9、4.4 和 6.0 个百分点。

可见，中国中小学生与父母交流不足。原因何在？调查显示，唯有中国中小学生与父母（监护人）交流的首要话题是学习，而其他三国选择率最高的交流话题是学校的事。

中国中小学生与父母（监护人）平时主要交流的话题排前五位的是：学习方面的（71.8%）、学校的事（69.6%）、自己的兴趣爱好（35.4%）、朋友的事（31.7%）和自己的将来（31.6%）。与此相关，中国学生不喜欢与父母（监护人）聊天排前五位的原因是：父母（监护人）不理解我（43.5%）、总说自己是对的（35.4%）、老说学习的事（35.2%）、老批评我（27.0%）、唠叨（25.8%）。这与中国父母期望高和学生学习时间长、压力大具有逻辑关系，这特别值得中国父母反思与改进。中小学时代是成长迅速的时代，需要丰富的精神滋养，如果过于偏重学习，有可能制造焦虑和恐慌，自然会恶化亲子关系。

其他原因也值得注意，四个国家中小学生不喜欢与父母（监护人）交流的“上榜”理由，最大的不同是排在首位的理由不同，中国是“父母（监护人）不理解我”（43.5%），美国是“父母（监护人）不让我提出不同意见”（41.5%），日本是“没想说的”（33.2%），韩国是“父母（监护人）老说学习的事”（37.4%）。被四个国家中小学生都排进前五位的理由有两个：“父母（监护人）总说自己是对的”和“父母（监护人）老批评我”。还有超过两成中国中小学生不喜欢与父母（监护人）聊天的原因是“父母（监护人）不相信我”，选择率为22.9%，在四国中最高。可见，中国中小学生更希望得到父母精神情感上的支持，而美国中小学生更强调自己的话语权。尽管在不同的文化背景下，不同国家的亲子交流细节有所不同，但孩子们渴望平等交流的诉求是相同的。

据全国妇联2015年发布的《第二次中国家庭教育现状调查报告》，“不了解孩子的想法”的父母占30.3%，而“不知道用什么方法教育孩子”的父母占47.4%，这也成为家庭教育四大困难之首。父母表示“孩子比我强”的占46.1%；“孩子跟我不相上下”的占18.3%，合计超过六成。中国父母对于孩子上网怀有恐惧，恐惧什么呢？“影响视力与健康”占66.8%；“疏远人际关系和家人关系”占 44.7%；“交友不当”占 37.5%；“没有分辨能力”占 36.3%；“耽误学习，影响成绩”占 34.9%。父母们这些担忧不无道理，但可能导致对网络的妖魔化，如果简单粗暴地禁止孩子使用网络，极易导致亲子关系的紧张。

如何解决以上难题，建议父母们考虑从以下几点入手：

1. 父母要带头学会网络学习，为孩子做出榜样

家庭教育最重要的不是给孩子讲多少道理，而是父母改变自己。面对网络的强大诱惑，最难以改变的不是孩子的习惯，而是父母的习惯。网络时代当然可以娱乐，但如何处理娱乐与学习的关系，如何学会探索与创新，正是父母需要为孩子做出榜样的关键。面对孩子，父母怎么做比怎么说具有更强的影响力。父母总玩手机实际上等于告诉孩子，手机的魅力不可阻挡。如果父母不从改变自己做起，孩子往往难以养成自制的良好习惯。

2. 抓住网络时代良机，积极促进代际沟通

网络时代是代际冲突激烈的时代，但是，如果父母与孩子一起成长，尤其是如果珍惜文化反哺的趋势，善于向孩子学习，就极有可能成为改善亲子关系的巨大机遇。关于这一点，做得越好，亲子关系越好；做得越差，亲子关系越差。有些父母或其他监护人等成年人不能客观看待网络，潜意识里认为只要孩子上网就是在玩游戏，因此将网络使用污名化。这说明父母（监护人）对网络存在思维定势，认为网络是玩具，不是工具。例如，有时孩子使用网络只是在查一些学习资料，但是会被父母（监护人）误会为玩游戏，从而引起亲子矛盾。没有信任就没有密切的亲子关系，更谈不上良好的教育。

3. 良好习惯缔造健康人格是家庭教育的核心目标与基本方法

网络时代没有改变，也不可能改变家庭教育是生活教育的本质，其核心目标依然是培养健康人格，而培养健康人格最基本也最有效的方法，就是养成良好习惯。其中，较为重要的学习习惯有阅读、写作、运动、实践、质疑、选择等。按照哈佛大学兰格教授倡导的专念理论，即最具创新能力的人有三个特点，一是随时随地注意事物的变化，二是注意新的知识，三

是注意新的视角。显然，这是网络时代的学习极为需要具备的三个能力，也是个性化发展的标志，而这些都是质疑与选择习惯的体现。

4. 注重生活教育，以丰富多彩的生活代替单调贫乏的生活

网络学习固然重要，但家庭及家庭教育不能以网络为中心，而要以生活为中心。生活智力或实践智力是不可缺少的三大成功智力之一，这是美国心理学会前主席斯滕伯格教授的核心观点。

二、让孩子体验没有网络的快乐生活

当今这个世界，我们可以把它叫作网络社会，大家是不是有这样的感觉，如果哪一天停电，哪一天要是不能上网，很多人心里就有点没着没落的。我现在也离不开网络了，我有微信和微博，每天都想看一看有什么新的信息和变化，留意大家对我有些什么反馈和建议，看看朋友们在做些什么。

我们是成年人，我们的生活很丰富，有工作需要去做，也有诸多娱乐可享，可能还不至于沉迷网络。但作为一个孩子，他的自控力本身就不高，加上学业压力大，就很可能沉溺于网络。当孩子越失败，人际关系越糟糕，他就越容易逃避到网络世界中去。当然，孩子躲到网络中去还不是最坏的结果。有人说，沉迷网络也好，网络成瘾也好，毕竟还是一个安全岛呢，他是有与网络相关的很多问题，但是他还没去危害社会，他自己沉迷网络，但不去伤害别人，只是自己在伤害自己。实际上，沉迷网络只是孩子在用这种方式向家庭和社会呼救：我现在生病了，我现在有苦难了，我拔不出来了。沉迷网络的人，不能与其他人正常交往，不能正常生活，不能正常学习工作。所以，父母就面对这样一个问题：怎么才能让孩子避免网络带来的这种伤害？

其实，因为科技发展上的领先，欧美国家的网络比中国更发达，虽然欧美国家也有青少年沉迷网络，但是没有我们中国那么多。一个可能的原因，就是国外青少年的学业压力较轻，生活比较丰富多彩，特别是运动较多。

我们中国的学生之所以容易沉迷网络，有个重要的原因就是生活比较单调，学业压力较大，父母们可能更重视上学时如何把学习搞好，放学时如何上好课外辅导班，能让孩子自由安排的时间特别少，孩子会感到不自由。

所以，父母就面临这样的任务：怎样让孩子体验到没有网络的快乐生活？

种子如何发芽

在某所小学校里，有一个活动非常有吸引力。孩子上一年级了，老师让孩子们每人都带粒花种来，种下后，让大家都来观察种子如何发芽，如何开花。孩子们当然都很有兴趣。种子种下后，总要过上一段时间才能发芽。这期间，大家都很着急。“你的发芽了吗？”“没有，你的呢？”“我也没有，你浇了水了吗？”“我浇了啊，可怎么还不发芽啊？”全班都在交流经验。

终于有一天，某个同学嚷嚷：“我的发芽了！”同学们都过来看，然后再赶紧去观察自己的种子。对于小孩来说，这些事就是大事。于是，很多家庭都在关心自己孩子的种子发芽了没有，长成什么样了，大人和小孩子都很兴奋。慢慢地，你的种子发芽了，我的也发芽了。“几片叶子？”“三片了，你那个怎么还是两片？”你说这种生活多么新鲜有趣啊！

种子发芽了、长高了、开花了，最后就结籽了，大家学着采籽收藏，就这样忙活了几个月。各位想想看，这种生长的经验对于一个孩子来说是很新奇的，他充满了期待，每天都需要关心植物，每天都有新的发现。那种对成长的喜悦和等待，可以说让一个人终生难忘。

这是一种生命的体验，让人能够亲近大自然，拥抱大自然。我觉得这种情感对一个孩子来说，可能受益终身，是一种美的体验、成长的体验。

在家庭生活中，父母可以首先做一些改变，用密切的亲子关系代替冷漠的亲子关系，用丰富多彩的生活代替单调的生活，用成功的体验代替失败的体验，这是家庭教育中三个非常重要的基本方法，也是预防孩子沉迷网络的有效对策。

大海大海我问你

我愿意和大家谈一谈我自己的亲身经历。我的学历并不高，小的时候家境也比较困难。但是我最大的财富是什么，就是童年时的生活无拘无束、丰富多彩。我生活在山东青岛，小学的时候学业压力不重，有大量的闲暇时间在山上或海边玩。例如夜里退潮的时候去赶海，在月光下，一手拿着钢叉，一手拿着“嘎斯灯”，蹚着没过膝盖的海水叉螃蟹、叉鱼。我们虽然是小孩子，也积累了不少经验，螃蟹往哪儿跑就往哪儿叉肯定是叉不着的，得往它前边叉，判断叉下去的时间正好是螃蟹跑过去的时间。

挖蛤蜊、抓蝈蝈、摘野草莓、爬浮山，那些令人心醉的生活到现在我都非常难忘。记得有一次，几个差不多大的男孩子在大水井边吹牛和较劲，说看谁有本事能从水井底下挖一把泥上来，谁就是最厉害的。我们互不相让，纷纷跳入水井里。我下得太深了，之后虽然抓到了泥，但在往上游的时候老半天都不能露出水面，憋得两个腮帮都鼓起来，感觉非常难受，好在最后终于游出来了。就是这样很多很多的经历与教训，让我刻骨铭心地明白了许多道理，既要对生活充满热爱，也需要拥有智慧和经验。

孩子如果缺少了亲近大自然的体验，没有在自然中探索的快乐，也没有游戏的快乐，没有亲情的深深的烙印，那他的精神世界就很容易苍白，更没有拥抱生活的激情。有一首儿童诗我很喜欢，是我家乡青岛的一位诗人刘饶民先生写的，真是令我终生难忘，我把它看作我生命的护身符。诗的上半段是这样的：

大海大海我问你
你为什么这样蓝
大海唱着来回答
我的怀里抱着天

在美丽的青岛海滨，我经常去大海里游泳，游累的时候就喜欢仰泳，躺在海面上几乎不动。这时候，仰望着天空，真觉得天海一色，人仿佛化在其中了，感觉天有多大，海就有多大。这就是一种对大自然的体验、对生命的体验。我想，如果是这种体验很丰厚的一个人，一般来说就不容易沉迷网络，也不会受到网络的伤害。诗人刘饶民 1987 年因病去世，我一直非常怀念他。在他家人的支持下，我为他编选了一本精品集《大海大海我问你——刘饶民的儿歌世界》，还请词坛泰斗乔羽先生题写了书名，2020 年 5 月由湖南教育出版社出版。我有个强烈的心愿，就是让这些优美的大海之歌陪伴一代代孩子幸福成长。

大思想家卢梭说，人在 15 岁以前要在大自然中生长，要在农村长大。意思是说，大自然是少年儿童成长的摇篮，我们要尽可能让孩子们亲近自然。有一句话说得很有道理："热爱大自然的人不容易学坏。"你会发现，一个很喜欢自然的人，情感比较完善，会有很好的审美观，也更可能会有善待万物的胸怀。所以说，父母不要光觉得孩子学习知识、发展特长非常重要，孩子更需要的是一种情感的熏陶，是一种心理的健康，这是他一生幸福的基础。

为什么喜欢停电日

我以前看到过一个报道，说有一个城市突然停电。这本来是件让人很烦恼的事情，结果很多人发现，停电反而给大家带来了意外的快乐。还有孩子问："爸爸，什么时候再停电啊，我就喜欢停电。"

为什么会喜欢停电呢？他家是这样的一个情况：平时晚上爸爸上网，妈妈看电视或者打电话，而孩子就写作业。其实这种情形在很多家庭里都经常出现，一家人在同一个屋檐下，但各干各的事，没有交流。这时突然停电了，谁也干不成自己的事了。家里也没有蜡烛，什么都没准备，就只能围坐在沙发上或者地毯上。干吗呢？就靠在一块讲故事吧，轮着讲故事。父母回忆自己小时候的事，自然是感慨万千，孩子也觉得很新奇，这是一种全新的生活体验。所以这一家人突然发现，停电的时候反而让他们感受到了温馨的亲情。据说当地很多居民都有这个感受，所以还向政府建议，每周一个晚上停电，那天就是亲情交流日。

这说明什么呢？说明并不是有房子、有爸爸妈妈、有孩子，就是一个正常的家。有人跟我说过这样一句话："现在很多家庭有一个问题，有家人却没有亲人。"家人之间有夫妻关系，有血缘关系，但是没有交流，没有亲情，没有沟通，所以算不得是真正的亲人。这样的家庭都是有缺憾的，是不利于孩子健康成长的。所以说，让孩子体验到生活中没有网络的快乐，对今天成长在网络时代的孩子是一个极重要的体验。

"变形计"

湖南卫视曾经做过一个叫"变形计"的节目，请我当顾问。什么叫"变形计"呢？举例来说吧，城里有个男孩子迷恋网络，节目组征得同意后，将他送到西北一个山沟里，和这里的一家人生活了一个月。同时，让山沟里那家人的孩子到他家来生活，相当于互换生活。

这个城市男孩子正上初二，到了这样一个大山沟里，到哪儿去找网络啊，只有县城里有网络，可这山沟离县城还有好几十里路呢。没有网络的生活让他觉得很难挨，但是他马上就被新的生活震撼住了。这家人平时喝水都很困难，要喝水得走很远去担水，有的时候吃饭还吃不饱，而且那家的父亲腰还不好。

这个城市男孩简直是没想到还有这样的生活，当他知道这家父亲为了照顾好他，每天都去远处挑水，因为腰不好，他摔在地上，水也洒了，这个男孩受到了特别大的震动。而相对应的，那个农村男孩到了城市里，也一下子觉得自己进入了一个简直没法理解的世界。那家很有钱，开着车来接他，让他见识了城市里灯红酒绿的生活。尽管如此，但他还是很想家，不放心他的父母。

后来这两家人建立了很好的友谊，城里这家父母对山村孩子说："希望你好好学习，将来我们支持你考大学，你上学的所有费用我们来出。"

通过这样一种交流方式，城里孩子看到人家父母那么困难还要努力照顾好他，他非常感动，甚至也去帮着搬砖打工来挣钱回报这个家庭。最后这孩子走的时候居然给山村父母跪下了。一个不相识的家庭这么照顾他，这么喜欢他，实在是太令他感动了。

这件事给我带来了启发，今天的孩子太需要体验丰富多彩的生活了，应该让他感受到这个世界很大，我们的人生可以很丰富。网络只是个工具，我们不能被网络所左右，更不能成为网络的奴隶。因为沉迷网络之后，你会发现人就像是工具，像一个奴隶，这是一种异化的生活。

我们在调查中发现，沉迷网络的青少年最显著的特点就是生活单调，双休日、节假日、寒暑假无处可去，就在网上打发时间。实际上他很孤独，这种孤独就转变为对网络的依赖，越失败、越孤独的人越依赖网络。或者说他在现实生活中很容易失败，很容易受到挫折，似乎只有在网络游戏中，他才能获得成功的体验。

其实，当我们在教育中坚持变反复失败为反复成功的方法，又用丰富多彩的生活代替单调的生活，并提供支持性的人际关系，孩子一般是不会沉迷网络的。

根据国内外大量调查研究，最有利于孩子健康成长的家庭教育模式是民主权威型，即对孩子既理解和尊重又严格要求。积极健康的亲子关系就是相互理解、相互信任、相互尊重、相互帮助、相互学习的关系。

孙云晓
生活感悟

1. 未成年人沉迷网络的根本原因是缺乏支持性的人际关系，如良好的亲子关系、师生关系和同伴关系。这是中国青少年研究中心课题研究的发现，也是我在央视《焦点访谈》节目中谈的观点。我曾经在泉州与陶宏开教授聊天，他说他治疗网瘾的步骤有四：心理疏导、家庭治疗、改变环境和行为矫正。我欣赏他从爱自己入手，引导孩子走出误区。

2. 青少年为什么会沉迷网络游戏？研究发现，其心理需要由现实情感的补偿与发泄、人际交往与团队归属、成就体验三个维度组成。在网络游戏中实现社会互动和自我提升，是青少年沉迷网络游戏的主要行为倾向。因此，父母需要采取大禹治水的疏导策略，尽可能满足孩了的心理需要。

3. 孩子的好奇心是强烈的，若想改变“电子儿童”，就需要为他们提供更加快乐的体验，而最具可能性也最具魅力的项目首推群体运动和游戏，其目标是养成孩子喜欢面对面互动的良好习惯。雷雳教授建议，使用电子产品的时间要控制，中学生每周10小时以内，小学生更少一些为好。总之，以不影响正常生活为标准。

4. 网络是天使还是魔鬼，取决于使用者的素养。作为互联网使用的主体人群，今日青少年最紧迫的需要之一就是提高媒介素养。因此，进行青少年网络素养的教育实践活动是必要的，尤其要突出赋权和赋能的核心原则。信息化时代的青少年既要发展自己，也要保护自己，特别需要提高两个能力，一是辨别力，二是自控力。成功在于选择。

5. 为什么10-19岁的孩子最喜欢网络游戏？因为它能够满足青少年的心理需求，例如舒缓压力、放松身心、宣泄郁闷等。同时，在网络游戏中，他们可以与其他玩家交流，学会合作，体验各种各样的角色。当然，为了避免网络游戏的伤害，需要控制使用时间，更需要有新鲜多样的生活。

第四节　游戏是学龄前儿童最好的学习

游戏是童年的生命，没有游戏就没有童年。

一、教育家的共识

关于学龄前儿童的发展，全世界的教育家形成一个共识，就是游戏是学龄前儿童最重要的工作，是幼儿最好的学习方式，幼儿最能理解的、最难忘的，也最愿意参加的就是游戏。游戏玩得好的孩子智力水平高，并且是情感丰富的孩子。在游戏中，孩子更容易跟别的孩子成为朋友，使他学会合作。

儿童的早期是个理性休眠期，但是大家需要注意到，实际上它又是一个发展最迅速的时期。儿童越小，差别越大，变化越大；长大之后，差别反而小，变化也小。

学龄前儿童的父母特别需要会带领孩子玩游戏，支持孩子玩游戏，这是非常重要的。回想一下我们的童年，大家一定有个感受，那就是孩子玩游戏时特别认真。比方说小时候玩老鹰抓小鸡，分配你一个什么角色，你都会认真去做。又比方说跳绳，孩子说："你们两个摇绳，我跳。跳完了以后，我来摇，你跳。"这就是儿童在学习公平公正地处理合作关系。如果有一个人说："我不摇绳，我就跳。"大家都会觉得他违反规则。违反规则之后，小朋友给他的最大的惩罚是什么？"我们不和你玩了，都不和你玩了。"对小孩来说，"都不和你玩"是很大的惩罚。

我们可以发现，在儿童群体中有一个相互制约的关系，这就叫游戏规则，或者叫游戏精神。游戏规则是道德规则，是公平的、公正的，谁也不许耍赖。游戏是儿童对世间万物的一种模仿，所以说游戏是儿童最愿意参与的、最容易理解的体验式学习。

我曾经长期担任《少年儿童研究》杂志的总编辑，经常会审核一些稿件。看了龙宝兴老师的研究游戏的文章，我觉得他的分析很深刻。他说儿童在游戏当中学习规则，学习道德，学习人生所需要的一切本领。所以可以说，剥夺儿童的游戏就是剥夺儿童的生命，游戏活动是儿童道德的生发点，游戏规则撑起儿童道德世界的拱心石。游戏规则和道德规则是相互贯通的，游戏是儿童创造新道德的一个舞台。这个分析我是特别赞成的。

所以说，我们要让孩子多一些玩的时间，多一些游戏的时间。关于儿童的早期教育的研究发现，儿童大脑的发育受到两种因素的影响，一个是感觉与认知的刺激，一个是营养。在游戏当中，儿童获得大量的刺激，对发育是非常有好处的。

二、难忘的童年游戏

关于游戏，我想最简单的方法就是回忆自己的童年，我们就会知道为什么孩子那么渴望去玩游戏，为什么游戏会让人玩得那么聚精会神。

我的童年虽然缺少零花钱，但玩得很自由、很充分。当时家里人顾不上我，也没有钱买玩具，我和伙伴们完全是自己玩。比如玩赢杏核，怎么玩呢？你扔下几个杏核，我也扔下几个，然后拿个石子往空中一扔，在石子没落下来之前，你伸出一只手去抓杏核，抓到多少就算多少，然后翻过手来接住从空中落下的石子。抓的规则是什么呢？你抓多少都可以，但是你不能够碰到你拿不起来的杏核，如果碰到了拿不起来的杏核就算违规，所有抓到手里的杏核都要放下。

童年时代我对这个游戏简直痴迷极了，就反复练习既能多拿又不碰到别的杏核，还需要在那么短的时间把空中的石子接住。那个时候，我们都很穷，没有钱买杏吃，自己的杏核都是捡来的，很不容易积攒，对于孩子来说，那就是宝贝。直到半个多世纪后的今天，当我吃完杏后把杏核扔掉的时候，都会联想起童年积攒杏核的不易。

当然，这是孩子们间的小游戏，我们也玩大游戏。青岛是个大岛，有好多山坡，我们那片工人宿舍就是建在山坡上。宿舍西边被俗称为“西门外”，那里有一条坡道。碰上大雨天，山上有好多水流下来，路边低洼处就成了一条临时的小河，引起无数人的兴趣。

一些大哥哥和小孩子都喜欢玩水，还玩成了斗智斗勇的群体游戏，参与者最多时有百人左右。怎么玩呢？最上面的人说，我们拿泥巴筑一个坝，得把水都拦住。下游的人想，你拦不住的时候就得放水吧，我们在底下也筑坝，把水截住，看我们这个坝多结实，肯定拦得住水。上游的人就想了，你做美梦吧，我的水很大，我的坝突然一开闸，就把你的坝给冲垮了，很厉害吧。结果至少有几十拨人都在那筑坝，都等着上面的水冲下来。

大家纷纷动脑筋，怎么才能够挡住上面发的大水。那坝不光是要用泥巴，还要在里面放上稻草，甚至还放上铁丝，铁丝裹在泥巴里边的话，坝一定结实。上百人都在那一起玩，一旦截住了水流，就一片欢呼声；即使冲垮了，也开心。这种活动完全是自发的，那个场面非常热烈，充满了挑战精神，直到现在我想起家乡与童年的时候，那游戏都历历在目。

你会发现，这些游戏内容似乎和家庭教育、学校教育都不沾边，但是给我留下的印象极为深刻。你会发现，这些游戏里面有同伴之间的合作、有竞争、有规则、有想象力、有技能技巧。儿童的游戏规则是道德规则，游戏精神的核心是道德精神。我们常说要遵守游戏规则，游戏规则对于儿童意味着什么呢？游戏规则是向儿童生活的世界输入道德力量的导管，是促使儿童生活世界道德化的基石。

今天很多的父母进入了误区，让孩子过于知识化了，过于功利化了，

把儿童生活这样一个博大的世界变成了一个狭小的教室，认字、做题、背诗，好像这就是孩子最重要的生活、最大的本领。实际上儿童的世界是极其丰富的，儿童的未来是我们难以预料的。一个有爱心、有理智的父母要给孩子一个更开阔的前景，要帮他打下更坚实的基础。

三、让幼儿学会“商量商量”

我的老朋友陈会昌是北京师范大学的教授、著名的心理学家，他研究幼儿的社会化训练。比方说两个小朋友发生争执：你想玩这个玩具，我也想玩这个玩具，怎么办呢？大人就引导小朋友学会相互商量：你先玩还是我先玩，还是咱们一块玩。你可不要小看了这么简单的问题，对幼儿来说这是大问题，其中涉及合作、谅解、规则、协商，这些能力很重要。

各种各样的儿童游戏是在模仿成人生活，他开始只是感觉，一做游戏就认真了。比如说自控力，小孩子可能不知道什么叫自控力，但在玩游戏时就能理解了。比如玩老鹰捉小鸡的游戏，让一个孩子当老鹰，那孩子不愿意当老鹰，光想当小鸡。但游戏规则就是谁输了谁就得当老鹰，不遵守规则就不带你玩。这样小孩就会慢慢控制自己，即使不情愿做某些事，但也会适当地控制自己的个人情绪。又比如说意志力，通过体育游戏可以培养孩子的意志。

四、好雨知时节

在游戏中注重心理的滋养，对孩子来说是非常重要的一种学习。这就像杜甫的那首《春夜喜雨》：“好雨知时节，当春乃发生。随风潜入夜，润物细无声。”我觉得儿童教育的艺术就像这首诗一样，是好雨，是知道春天这个时节的好雨。而童年就是生命的春天，它是“随风潜入夜”，而不是硬邦邦地砸过来。但现在好多所谓的教育似乎是狂风大作、飞沙走石，各种课外班铺天盖地，看着就透不过气来。这哪是教育啊，简直就是对生命的摧残。所以说我们一定要注意不能够违反儿童成长的规律。

儿童为什么需要游戏等实践活动，其实与许多生命的生长类似。化蛹为蝶的过程是痛苦的，蝴蝶需要用尽全力将自己的腹部推出茧壳，需要很大力量和耐心。有的好心人想：你这么困难，我就帮帮你吧，拿剪刀把茧剪个洞，让蝴蝶爬出来就行了。结果蝴蝶确实是从茧里爬出来了，但是羽化成功率很低，极可能爬出来以后不会飞了，这一辈子就完了。破茧成蝶是一个必然的成长过程，蝴蝶正是通过破茧使得翅膀和骨骼不断用力，从而帮助翅膀变得更坚强有力，更适于未来的飞翔和生活。

儿童的成长也需要付出他自己的努力和体验，这是不可以省略、不可以代替的，必须是他自己一步一步地走过来。孩子越小，那些细微的体验越为重要。所以在幼儿阶段，我们要保护他的理性休眠期，他需要充满儿童气息的玩乐体验，而不需要像小学生那样去紧张地学习。童年是人一生的基础，这是需要我们父母细致把握的一个时期。

孙云晓
生活感悟

1. 游戏是童年的生命，没有游戏就没有童年。因此，我多年来一直倡导“三代人的游戏与童年”活动，建议父辈和祖辈把自己喜欢的游戏教给孩子，孩子也可以把自己喜欢的游戏教给长辈。这样既可以丰富三代人的生活，又可以发现童年和捍卫童年。希望有更多家庭和学校开展这一活动。

2. 现代人特别需要游戏精神。德国作家席勒说，只有当人是完全意义上的人的时候，他才游戏；只有当人游戏时，他才完全是人。2012年5月29日，在北京的一次中学生校园游戏观摩研讨会上，中学生编创的多个游戏成果引起专家们的兴趣。要把游戏的权利还给孩子，孩子有选择的自由，更有创造的自由。

3. 福禄培尔在创办世界上第一所幼儿园时，将游戏确定为幼儿教育的主导，我相信是儿童启发了他。游戏是儿童发展的第一推动力。比如，游戏可以帮助儿童摆脱自我中心倾向，很好地理解他人的想法和情感，是解决冲突、学会合作等各种社会能力发展的基础。对儿童来说，生活从游戏开始。

4. 今天的儿童教育丢失了一个最具魅力的方法，那就是丰富多彩的游戏。跟随苏格拉底学习8年的柏拉图创作的《理想国》成为西方教育思想史上的第一个里程碑，他也是“寓学习于游戏”的最早提倡者。他认为，游戏可以让孩子爱上学习，可以发现孩子的天性，但选择的游戏必须符合法律精神。

5. 把游戏还给孩子就是把快乐还给孩子。我们做中学生校园游戏的课题研究，发现人们对游戏最大的担心是影响学习。中国科学院心理研究所的张梅玲教授是学习问题的专家，她认为，快乐的游戏一定能够促进学习，因为快乐的游戏提供了身心健康的基础，增加了快乐的元素，使人进入良好的学习状态。

第五节　儿童生活教育离不开户外活动

体育运动是打开幸福之门的金钥匙。运动可以使孩子拥有强壮的体魄和健康的心理素质，这不仅能让孩子在面对困难时拥有强大的心理和身体优势，并且会让孩子在面对困难时学会合作，进而适应社会。

一、儿童户外活动的状况不容乐观

到 2022 年，《中共中央　国务院关于加强青少年体育增强青少年体质的意见》颁布实施已经 15 周年了。这 15 年来，全国各地在贯彻和坚持“确保落实学生每天在校期间体育活动不少于一小时”的规定上都取得了明显的成绩，但是校外的体育活动依然存在诸多问题。

中国儿童中心 2012 年发布的《中国城市儿童户外活动情况调查》以数据证明了儿童户外活动的状况依然不容乐观。这份报告对北京、上海、广州、西安、合肥 5 座城市的 5441 名小学生进行了调查。从报告中的数据来看，目前在孩子的户外活动方面，还存在着以下几个问题：

1. 父母对孩子户外活动的支持率随其年龄的增长而下降

调查结果显示，一年级小学生的父母对户外活动的平均支持率为 88%，但到孩子小学六年级时，父母支持的比例降到 71%，下降比例超过 15%。而这其中，孩子小学三、四年级时是父母对户外活动态度的转折点，从这个阶段开始，父母对户外活动持“无所谓”态度的比例从 9.3% 增加到 23.9%，有着明显的变化。

2. 儿童活动的场所不足

调查发现，平时 71.7% 的小学生将小区附近的空地作为户外活动首选。能够到公园或附近的运动场所活动的儿童仅各占一成左右。此外，还有 2.6%

的小学生选择在街道上玩耍，存在很大的安全隐患。

3. 过重的作业量挤占孩子的户外活动时间

从调查报告中看到，有近半数小学生认为自己不参加户外活动的首要原因是作业太多。虽然教育部明文规定在小学三年级前不留家庭作业，但调查发现，即使是一年级的小学生，平均每天也要花 1.7 小时写作业。此外，不多的课余时间也经常被要参加的培训班挤占。

4. 儿童课余时间静态活动太多，缺乏有效运动

调查发现，小学生平时每天花在看电视、玩电子游戏上的时间为 0.85 小时，其中有 12.45% 的儿童超过 2 小时。周末，小学生平均每天花 1.8 小时看电视、玩电子游戏，超过 2 小时的儿童多达 48%。

二、缺乏户外活动对孩子的不利影响

近些年来，关于加强孩子户外活动的呼声之所以越来越强烈，是因为户外活动对孩子的身心发展有着特别重要的作用。儿童的健康成长离不开户外活动，而缺乏户外活动则会给孩子的成长带来很多不利的影响。

1. 户外运动不足会让孩子情绪烦躁

美国儿童教育专家玛莉·科尔卡博士从事的一项专题研究显示，在学龄前幼儿中，精力过剩者所占比例高于 10%，而精力过剩的孩子会出现好动和过于淘气等行为。户外活动是释放体内多余精力的重要途径，对于小学生来讲，如果过剩的精力得不到正常、足够的渠道发泄，孩子会在课堂上出现注意力不集中、小动作频繁等情况，而且容易出现烦躁、焦虑等不平衡的心理状态。

2. 缺乏户外活动的孩子往往是电子产品的俘虏

许多父母带孩子到户外活动，却遗憾地发现，孩子身在大自然中间，心却在网络游戏或电视节目上。随着科学技术的发展，电子产品越来越精致，操作也越来越简单，而孩子接触电子产品的时间也越来越早，许多孩子从 1 岁多就会玩 ipad 等电子产品了。世界知名心理学家、德国成瘾治疗

协会会长辛格教授就指出，孩子过早接触网络游戏世界，会削弱其对现实世界的兴趣，挤占孩子户外运动的意愿，这最终会降低孩子的智商。所以建议父母在孩子 6 岁前不要让其接触电子游戏，而对于小学生而言，上网和看电视的时间，每天不要超过一个小时，最多不要超过一个半小时。

3. 户外运动的减少会降低孩子学习的兴趣

小学生的发展具有“马鞍形”的特点，即两头高，中间低。孩子在小学三、四年级所学知识难度逐渐增大，加上这段时间也正是孩子开始由形象思维到抽象思维转变的阶段，所以孩子的学习成绩会在这期间逐渐拉开差距，孩子出现厌学的情况也多是从这个阶段开始的。这个时期的父母可能因为学业的压力而减少孩子户外活动的时间，但父母减少孩子户外活动的时间无疑会使孩子的生活更加单调乏味，从而打击孩子学习的兴趣，使孩子厌学的情况更加严重。而在小学，让孩子爱学习远比学习好重要得多。所以，以牺牲户外活动时间来提高孩子学习成绩并不是明智之举。

首先，孩子只有多接触阳光才能健康成长。科学常识告诉我们，维生素 D 是一种脂溶性维生素，属于人体中不可或缺的维生素，而其合成需要阳光中的紫外线参与，维生素 D 由非活性状态转化为活性状态也需要阳光中的紫外线，所以维生素 D 又叫“阳光维生素”。阳光中的紫外线在照射人的皮肤后，可使皮肤中的 7–脱氢胆固醇转变成维生素 D_3，以起到促进身体吸收食物中钙和磷的作用，能促进骨骼的生长，预防佝偻病。同时紫外线还有较强的杀菌作用，可提高机体的免疫力，刺激骨髓造血。如果孩子能充分接收阳光，自身合成的维生素 D_3 就基本能满足成长需要。因此，孩子多在户外运动中沐浴阳光，有利于生长发育，增强人体功能。

其次，户外活动有利于孩子右脑的开发。1981 年，获得诺贝尔奖的美国神经心理学家斯佩里通过研究发现，人的左脑主要负责人类的理性、语言、文字、分析等，右脑主要负责音乐、形象、经验、直观等认识。除此之外，右脑还被称为“天才脑”，因为人的想象力、创意力、灵感和超高速反应等功能都来自右脑。科学研究发现，孩子只有多参加户外运动，多感受大自然，多去接触实物，才能让右脑得到更多的锻炼和开发。

再次，运动是孩子社会化最有效的途径。我们曾经采访北京师范大学体育与运动学院院长毛振明教授，他认为，体育运动是打开幸福之门的金钥匙。运动可以使孩子拥有强壮的体魄和健康的心理素质。这不仅能让孩子在面对困难时拥有强大的心理和身体优势，并且会让孩子在面对困难时学会合作，进而适应社会。特别是足球、篮球等群体性户外活动，孩子在这些活动中可以学会与别人交往、合作、领导、制订与遵守规则等多项技能，这是孩子社会性培养的重要途径。

所以，户外运动对孩子成长的重要性不言而喻，但在中国儿童中心所提供的报告里，每四个孩子中就有一个每天户外运动不足一个小时。这不能不引起人们的反思，为了下一代的健康成长，父母们要给孩子更多的陪伴和户外活动时间。

孙云晓
生活感悟

1. 纵情于山水之间是我之最爱，也是狂野童年赐予我的价值观。亲近自然并非只是休闲，而是与诗人对话，与科学家为友，其情如与佳人约会，其价值不亚于读书和工作。或许，天人合一的生活更接近人生的本性追求。

2. 从幼儿时代开始，儿童就是一个旅行的爱好者，更是一个积极的探索者。蒙台梭利在《吸收性心智》中说，越难走的路，对儿童越有吸引力。四处走动和不断发现乃是儿童天性的一部分。教育的道路应当遵循演化的规律，随处走动并享受更广阔的视野。这样，儿童的生命才会日渐丰富。

3. 何为幼儿的身心健康？一要有健康的体态，二要情绪安定愉快，三要有一定的适应能力。《3～6岁儿童学习与发展指南》建议：要保证每天睡眠11～12小时，其中午睡2小时左右；每天安排不少于2小时的户外活动，其中体育活动不少于1小时；4～6岁幼儿能在较热或较冷的户外活动半小时。

4. 北京市中小学生视力不良检出率为62.14%，肥胖检出率为20.74%，这是2013年5月9日《参考消息》的报道。所以，《北京市中小学生健康指引》应该落实，如中小学生每天户外活动应达3.5小时。其实，每天学校体育课加课间活动的时间可以达到2小时，上学放学加上家庭户外活动的时间可以达到1.5小时。

5. 儿童的户外活动一要保证时间，二要提高质量。2012年5月，卫生部发布新修订的《托儿所幼儿园保健工作规范》，强调在正常情况下，全日制儿童户外活动时间每天不少于2小时，寄宿制儿童不少于3小时。显然，要在活动中培养儿童的综合能力，如视觉、听觉、触觉及合作等能力。

第六节　体育是看得见的德育

何为爱孩子？爱孩子就要给予其最需要的生活与教育，而这种“最需要”往往被视而不见。

一、隔代抚养的孩子为什么肥胖率高

2010年5月，中国青少年研究中心实施了“第二代独生子女饮食状况研究”。调查发现，九成多独二代父母不熟悉中国居民平衡膳食宝塔，超过半数独二代父母对孩子体重评价存在严重偏差，肥胖幼儿更多被认为体质好，两成多幼儿体重偏轻（9.7%）或肥胖（13.8%）。肥胖父母的孩子肥胖率更高，主要由祖辈照顾的孩子肥胖率高于独二代父母照顾的孩子，消瘦幼儿更挑食。

另外，调查结果表明，越是隔代抚养的孩子，肥胖率越高。在肥胖组中，主要由祖父母或外祖父母决定饮食的占37%，主要由祖父母或外祖父母照顾吃饭的占7.4%，其数据均高于正常组和消瘦组的孩子。究其原因，可能是祖父母心疼孩子，给小孩提供的食物过多。这与其他国家的研究结果是相吻合的。过于肥胖不仅危害孩子的生理健康，而且会对学习等能力产生不良影响，甚至会带来心理问题，因此，祖辈错误的饮食观念需要转变。

这些发现说明了什么问题？当前，儿童肥胖已经成为困扰家庭和学校的难题之一。但在现实中，不少父母并没有意识到肥胖带来的危害，甚至认为肥胖没有什么大不了的。事实上，肥胖孩子的动作一般比较迟缓、不协调，走、跳、跑动作发展都受到阻碍。由于肥胖儿童的动作得不到完善发展，就会直接影响他们的智力发育。一般来说，动作和活动的训练可以直接促进儿童的智力发展，同时智力水平的高低又必然反映在动作的灵活性等方面。

另外，肥胖也影响孩子的人格发展。因为肥胖的体形不美观，笨重的身体不灵便，当肥胖的孩子在和同伴一起活动时，往往因笨重而受到其他孩子的嘲笑，进而产生不良情绪，容易形成自卑、孤僻等不良人格。

二、不要让肥胖成为儿童健康的新杀手

我不禁要重提一个呼吁，2003 年 10 月召开的“全国学校食品卫生与营养工作现场会”上，教育部有关人士呼吁社会和父母高度重视儿童的营养问题，不要让肥胖成为儿童健康的新杀手！

当然，肥胖的原因还在于孩子已经养成的不良的饮食习惯，如爱喝甜饮料、果汁，不爱喝水；爱吃肉，不爱吃蔬菜；爱吃洋快餐，不爱吃粗粮；等等。很多父母都以为营养知识是营养学家的事，内容繁多而高深，但是合格的父母应该掌握一定的营养学知识，对孩子开展合理营养和健康饮食的教育。要知道，吃是为了健康，健康饮食是家庭的一件大事，而不是难事！

中国青少年研究中心在调查中还发现：近两成幼儿经常吃洋快餐，一成多独二代父母每周带孩子至少吃一次洋快餐；六成幼儿没有养成良好的饮食习惯，口味偏咸，偏爱甜食，喜欢油炸食品、方便食品等不健康饮食偏好广泛存在；四成多幼儿经常吃零食，健康零食多于“垃圾食品”，其中肥胖幼儿吃“垃圾食品”更多。可见，孩子健康问题的根源还是在于父母和祖父母的教养方式不当，平时没有注重让孩子养成良好的饮食习惯。父母有责任保证孩子的健康权，让孩子过上健康的生活。作为父母，要重新审视儿童的健康，要从饮食、运动等方面排除不利于儿童健康的因素，让孩子养成良好的饮食习惯和良好的运动习惯，这才是儿童教育要达到的目标。

值得欣慰的是，有些父母已经开始运用积极有效的方法，即家庭教育从培养孩子运动习惯入手。

三、教子有方的秘诀

我的老朋友康健是北京大学教授，曾任北大附中校长。他的儿子康康

出生时，体重只有 5.2 斤，令父母有些紧张。于是，康健决定实践他独特的健康第一、体育为主的家教方针。

之所以把体育作为头等大事，康健说："原因有两个，一是我的父母是医务工作者，他们认为健康是一切的基础，所以给我起名叫康健，反过来就是健康。在父母的熏陶下，我从小就养成了良好的卫生习惯，并热衷于户外活动。二是我很早就读过洛克的《教育漫话》，他的教育观突出的特点是关注人的健康。我印象最深刻的是那个时代的人都意识到无论做什么工作，最重要的是良好的身体素质。"

从儿子刚会走路到初中毕业的十几年里，康健每天都带儿子进行至少一小时的体育锻炼，从未间断。当儿子的运动与课外班发生矛盾的时候，康健依然认为体育最重要。他说，提早为孩子在智力上做选择，也就是学习琴棋书画等特长并不明智，应让孩子长大后自己选择。

康康上小学高年级时，快放寒假了，学校的两个训练班里有活动，一个是专业足球班，另一个是数学奥校班，康康只能选择一个。康康喜欢数学，也很喜欢足球，但他没有勇气到足球班去，因为足球训练强度很大，而且要住宿。这时父母的态度就很重要。康健知道孩子在体力方面不如别人，但他想让孩子经受一下磨炼，知道普通人和专业运动员的差别。于是，康健鼓励孩子上了足球班。那个假期令康康至今难忘，因为那是他经历的最艰苦的日子，每天从早到晚都在进行高强度的训练。从那以后，康康觉得自己比以前更勇敢了。

康健发现，长期体育锻炼对康康的智力发展大有好处。虽然康康用在学习上的时间少于别人，学习成绩却总是名列前茅，原因在于精力旺盛、听课专心、作业完成速度快。即使偶尔失利，他也充满自信。高三毕业，身高 1.80 米的康康成为清华大学物理系的学生。他兴趣广泛，体格健壮，状态良好。后来，康康还担任过中央电视台体育频道的主持人。

如果我们的父母都像康老师那样，心态平和，教子有方，让孩子们能享受积极健康的运动乐趣，我们的孩子一定可以更强壮。

四、带女儿进健身房

父母是孩子最好的榜样。有一名妈妈带女儿进健身房的勇气是值得我们赞许的。

这名妈妈的女儿叫小娜，现在的她经常作为学校联欢会上的主要表演者为大家表演健美操，浑身上下都充满了活力与自信。

小娜不会忘记自己在 14 岁的时候，第一次跟妈妈走进健身房时那种不自然，也害怕自己被人笑话的感觉。小娜从小体质就弱，用妈妈的话说是“吃药长大的”，一到冬天就没完没了地感冒。请假休息吧，耽误功课；不休息，也是什么都学不进去。后来妈妈鼓励小娜到健身房练习健美操。妈妈听教练说过，健美操是一种有氧运动，能锻炼人的心肺功能，提高人体免疫力。通过训练，妈妈自己也感觉到，健美操还是一种特别适合培养人良好体态的运动，在未来社会的竞争中，一个人的外在气质非常重要。所以，妈妈决定给小娜办一张健身卡，每星期至少带她来练一两次。

刚开始练习时，小娜由于长时间没有这么大的运动量，浑身上下每一块肌肉都是疼的。她很想放弃，但妈妈鼓励她说：“这是正常现象，很快就会过去了。我都坚持下来了，你还不行吗？”在妈妈的帮助下，小娜终于坚持了下去。久而久之，小娜竟然发现每次跳完健美操，都感到身体特别畅快，再学习时也有精神了。妈妈感到欣慰的是，小娜已经不再像以前一样经常感冒，体质大大增强。

在孩子成长的过程中，明智的父母无一不把体育放在重要地位。鲁迅先生就是这样做的。他认为“野牛成为家牛，野猪成为家猪，狼成为狗，野性是消失了，但只是使敌人喜欢，于本身并无好处”。说到人，鲁迅说“我以为还不如带些兽性”。鲁迅唯一的儿子海婴“健康、活泼、顽皮，丝毫没有被压迫得瘟头瘟脑”。可以说，鲁迅教育其独生子亦遵循“先兽其身，后养人心”的规律。

在孩子成长的过程中，体育应该是一切教育的基础与前提。父母该如何重视孩子的体育锻炼，如何选择适合孩子的运动方式呢？这里提供以下建议：

1. 父母与孩子一起运动

改变孩子不爱运动的习惯，父母的榜样作用很重要。父母不能只是要求孩子运动，而自己不运动，应该尽可能跟孩子一块去锻炼，这样可以在孩子遇到困难时加以鼓励，让孩子能坚持下去，自己也会受益。

2. 鼓励孩子与同伴一起运动

许多运动项目是团体活动，建议孩子和其同伴一块运动。让孩子和同伴一起玩耍和运动，既能够满足孩子交往的需要，又可以培养孩子们之间纯真美好的友谊。运动场上，有合作，有竞争，有冲突，有协商，而且同伴间的相互学习、共同训练可能比由老师正规训练效果更好。

3. 运动目标不要过高

刚开始运动时，切忌把目标定得过高，要循序渐进。针对肥胖的孩子，最好要请教一些专家、医生，为孩子制订一个适合其特点的运动方案，可以从相对容易的项目开始，如步行、慢跑、跳绳等，不能操之过急。

4. 和孩子一起制订一个运动计划

良好的运动习惯需要长期的努力与坚持，不是一时兴起就可以达到的。父母应该和孩子协商拟定一份明确的运动计划，并且参加运动时要互相督促、互相帮助，使家庭形成一种崇尚体育运动的氛围。

5. 放手锻炼孩子

凡是学校组织的野外活动，既要提醒孩子注意安全，更要积极支持孩子参加，即使发生了意外伤害，也不改变勇于锻炼的态度，符合条件的可以找保险公司寻求赔偿，并主动承担父母的责任。这样做是有远见的，因为孩子经风雨才能长大成人。

6. 设计一项家庭的共同运动

就如家庭教育需要重视家风、家规一样，家庭体育运动也可以确立一项有特色的运动，每个家庭成员都能参与，大家都能一起竞技，譬如打乒乓球、篮球等，有条件的还可以组织远足或登山等活动。家人都参与有利于形成和谐的家庭氛围和良好的运动习惯。

孙云晓
生活感悟

1. 长期以来，我们低估了体育运动的价值。的确，体育可以强身健体，可我更赞同毛振明教授的观点：运动是儿童社会化最有效的途径。想想奥运会就会明白，运动让人养成遵守规则、勇于负责、紧密合作、崇尚荣誉、顽强拼搏等品质，而这些正是儿童社会化最重要的内容，也是他们可以在体育的激情体验中获得的。

2. 运动不仅仅能够强身健体，还能够让人学会合作和遵守规则。在一次世界杯比赛中，阿根廷以4：1大胜韩国队，最著名的球星梅西却一个球也没进。但是，梅西被公认为是阿根廷队的灵魂，是他组织起一场场进攻，为同伴创造了成功的机会。足球比赛胜在合作。

3. 教育的目标是促进人的发展，而发展首先是身体的生长。儿童的健康生长需要充足睡眠和休息、充分运动和游戏等。遗憾的是，今天无论是家庭教育还是学校教育，都严重忽视孩子的身体发育。剥夺孩子的睡眠和运动，等于从根本上剥夺他们生长的权利，这是人生失败之源。

4. 关注孩子的学习成绩不能不关注学习能力，而学习能力是由感觉动作、听知觉和视知觉三大功能决定的。如刘弘白博士所说，感觉运动能力决定着学习能力形成的品质与成败，甚至可以说运动是智慧的开端。所以，明智的父母会让孩子多运动、多游戏，并以此带动孩子学习能力的全面发展。

5. 运动对于儿童发展具有决定性意义。如刘弘白博士所说，根据动作发展理论，人类都是从大动作开始，逐渐过渡到小动作，大动作做不好，小动作就难以完成。所以，发展孩子的运动能力，会促进各种精细动作技能的完善，也会促进其社会化水平的提高。可以说，儿童教育从运动开始。

6. 运动对于儿童发展具有突破性和持久性的意义，突破性是成长的标志，如学会了游泳或足球等项目会变得自信；持久性是坚持运动养成习惯，从而终身受益。蒙台梭利认为，人类的心智是最先发展的，并影响其他方面的发展。如果儿童已发展就绪却不能运动，那么他的心智发展也会受阻。

7.《现代教育报》记者问："很多父母支持孩子参加滑雪运动或者父母自己带孩子滑雪，很多孩子在平时也积极参加学校的滑冰滑雪相关课程。参与冰雪运动，可以给孩子的成长带来哪些益处？"我回答："体验冰雪运动益处极多，如感受新的世界、提高平衡能力、磨炼身体素质与意志力、提升审美水平等。北京冬奥会的成功举办给青少年儿童巨大的激励，因为他们最善于观察和模仿，那些冰雪健儿矫健优美的鲜明形象，有可能让他们终生难忘。因此，父母支持孩子体验冰雪运动，是非常有爱心、有智慧的教育行为。值得注意的是，可以冬奥英雄为榜样，却不宜将争夺冠军作为目标，功利主义对孩子参与冰雪运动是一种误导甚至是伤害。即使是冬奥会上的许多世界冠军，首先也是因为浓厚的兴趣，才能够持之以恒并勇于挑战极限。对于广大青少年儿童来说，兴趣是第一位的，兴趣越浓厚，意志越坚强，行动越自由，这样的体验才真正有益。中国的冰雪运动起步较晚，许多父母缺乏经验，所以不可低估冰雪运动的难度，父母要多一些耐心、包容和鼓励。冬奥会改变了我们对冬天的认识，即冬天是美丽神奇的，是富有活力的，是可亲可近的，而这是积极参与冰雪运动的心理基础。"

第六章

家庭教育指导服务要以生活教育为本

实际上，与学校教育相比，家庭教育是历史更悠久、内容更丰富、影响更深刻、方式更有个性的教育。家庭教育是一种生活教育，是情感教育和人格教育，最核心的是做人的教育。因此，家庭教育是学校教育和社会教育最为重要的基础。

《家庭教育促进法》规定：“中小学校、幼儿园应当将家庭教育指导服务纳入工作计划，作为教师业务培训的内容。”2022 年 3 月 31 日，在中国家庭教育学会学术会议上，边玉芳教授介绍了北师大关于家庭教育指导服务体系的最新调研，数据显示：学校是父母最希望接受家庭教育指导服务的机构，占 66.9%，高居榜首。94.0% 的中小学生和幼儿的父母表示，愿意或非常愿意接受社区或学校提供的家庭教育指导服务。那么，学校该如何进行家庭教育指导服务？一个根本性的原则：家庭教育指导服务要以生活教育为本，家庭教育的发展方向绝对不是把家庭变成学校，而是要让家庭更像家庭。让家庭教育回归与创造美好生活，才是有利于儿童健康成长的。

第一节　家校共育的三大误区

2018年冬天，我在广东与一位资深的学校家长委员会主任聊天。因为是老朋友，所以无话不谈，这位颇有教育情怀的母亲告诉我，他们的工作之一是从网上收集考试题，通过学校印发给学生复习考试，这样学生不能不重视。我听了深感悲哀：这样的家校合作不是联手折磨孩子吗？

第一个误区：有些家校共育存在片面的成才观，重智轻德倾向明显，德育忽视生活实践的基础支撑

2019 年 3 月，中国教育报刊社与腾讯教育联合推出的“作业焦虑”调查显示，6000 余名中小学生父母中，74.9% 的父母被要求给孩子检查作业并签字，57.9% 的父母每天辅导孩子做题，90.8% 的父母辅导作业时跟孩子发过火，55% 的父母辅导作业时打过孩子，73.4% 的父母对陪写作业感到筋疲力尽。

显然，以上所谓的家校协同，具有严重的应试教育倾向。在这样的家校共育中，学习成绩往往成为评价儿童成才与否的首要标准，家校共育成为了“父母帮助孩子完成老师布置的学习任务”。很多家庭成为第二课堂，父母俨然成为了老师的助教，给孩子检查作业、出作业题、打印试卷、辅导功课等，尤其是辅导功课，使得很多不懂教育规律又教子心切的父母感到心力交瘁。

我们更需要思考：立德树人究竟怎样才能落到实处？

当我们说家校共育偏重于学业，甚至出现家庭教育知识化倾向的时候，有些教育工作者可能感到不公或委屈，理由是家校共育非常注重立德树人，为此组织了大量活动，并且受到学生们欢迎。客观地说，这的确是一个普遍存在的事实，许多学校将立德树人作为教育的核心目标。问题在于，立德树人究竟如何才能落到实处。这涉及德育原理等基本问题与原则。

生活与德育是什么样的关系呢？道德源自哪里？其目的又是什么呢？南京师范大学著名德育教授鲁洁在《生活·道德·道德教育》一文中做了较为透彻的分析，她说：“生活世界是一个具有意义和价值的世界。”“道德是意义世界中的一员，它内在于生活。”因此，“生活是道德存在的根据。”“道德就是对于生活方式、生命实践的理解和选择，它是生活的解释系统，它所要破解的是人的生活意义，它的存在就在于使人对于生活意义有更合理、更深刻的理解。道德又是生活的目的系统，道德是一种目的行为，它所指向的是生活的展开与提升，是更为合理的生活方式、更为完善的生命实践。”①

如鲁洁教授所说：“人为了生存和发展必须进行各种活动，这就是生活；各种各样的生活活动共同构成了人的生活世界。”②需要特别指出的是，学校生活是人的重要生活，对于未成年人来说，家庭生活是更为重要的生活。为什么呢？因为家庭生活对于每个人都具有最长久、最深刻、最富有

①②鲁洁. 生活·道德·道德教育［J］. 教育研究，2006（10）：3-7.

个性的影响，对于未成年人的发展至关重要，这是任何学校的影响力都难以超越的。

第二个误区：许多家校共育存在重学校轻家庭和重校内轻校外的倾向，甚至有反生活教育的现象，误导家庭教育处于某种“异化”状态

儿童除了知识性学习，也要有掌握生活技能、尝试社会实践、亲近大自然、与同伴交往和玩耍等其他很多需求。家校共育的目的本是促进学校教育、家庭教育和社会教育的协调发展，因为这是与儿童发展密切相关的三种教育。但在家校共育过程中，甚至在家庭教育工作的有关文件里，明显存在家庭教育学校化的倾向。这种倾向导致许多家庭教育工作都是围着学校转。例如，父母的使命似乎主要是完成学校布置的任务、督促孩子学习等。在许多家庭教育的会议上，经常可以看到学校在介绍父母如何为学校服务的经验，却很少见到如何引导父母以丰富多彩的家庭生活来影响孩子。

实际上，与学校教育相比，家庭教育是历史更悠久、内容更丰富、影响更深刻、方式更有个性的教育。家庭教育是一种生活教育，是情感教育和人格教育，最核心的是做人的教育。因此，家庭教育是学校教育和社会教育最为重要的基础。

可是，在应试教育的误导之下，很多家庭已经不像家庭，父母也不像父母，孩子自然不像孩子。太多的父母在手把手地辅导孩子功课的同时，忍不住包揽孩子在生活上本该自己做的一切，以为这样自觉自愿地付出就是为了孩子好，就是帮孩子。例如不让孩子洗衣服、整理书包、打扫房间、做饭、刷锅洗碗、管理家中植物和宠物、修理家用物品，等等。殊不知，一次次地将孩子本能做到的事务包办下来，其实是让孩子失去了责任感的培养、生活技能的掌握、动手动脑的历练等很多宝贵的品质，而这些都是知识教育难以弥补的。

校外生活是少年儿童社会化的重要途径。2017 年 12 月，中国儿童中心编写的《中国儿童参与状况报告》出版。报告指出，在儿童参与的内容上，学校活动和校外活动处于严重不平衡的状态。学习是儿童学校生活的主要内容，这是很正常的，但是当前儿童校外生活的主要内容也被课业学习所占据，这样的现状令人担忧。调查表明，从家庭中亲子沟通的内容来看，48.4%的中小学生每天都会跟父母谈论学习，34.5%的中小学生每天都由父母辅导学习；从校外活动参与的内容来看，48.9%的中小学生都参加了和学校考试内容密切相关的补习班，小学生参加补习班的比例为49.2%，初中生是51.7%，高中生是45.9%。换句话说，学生在学校的学习之外，一方面要完成大量的家庭作业，另一方面还要投入时间接受补习教育来强化学校学习。知识学习已经成为中小学生生活的主要内容。

值得注意的是，即使学校坚持立德树人的教育方针，采取积极措施减轻学生课业负担，许多焦虑的父母却并不认同，想方设法增加孩子的课外补习。学校倡导劳动教育，也难以得到父母们的普遍响应，孩子们的家务劳动习惯依然是弱项。在学校教育过程中，存在“5+2=0”的教育现象，其意思是5天的学校教育抵不过2天的家庭“反”（学校）教育。也就是说，因为学校、家庭在教育理念、教育环境，教师和父母在教育能力和教育素质上的差异，导致少年儿童在学校所养成的思想观念、学习意识、优良品质等在家中不能得到很好的体现和延续，反而因为缺乏相应的教育环境而出现退化。

根据中国青少年研究中心蓝皮书《构建一所大学校——学校家庭社会“合育”模式研究》的数据：50.2%的教师和22.8%的父母认为，存在“5+2=0”的“反”教育现象。

从更为深层的意义来说，“反”教育更为本质的表现是“反”生活、“反”人性的教育，是应试教育的本质反映。

这种严重扭曲和危害少年儿童成长的状况当然不能继续下去。2021年7月26日，中共中央办公厅、国务院办公厅印发了《关于进一步减轻义务教育阶段学生作业负担和校外培训负担的意见》，简称“双减”政策。显然，国家推进“双减”政策的目的正是保护未成年人的健康成长，并将学校教育和家庭教育引向正道。成长与教育是需要平衡发展的，减轻了学业负担，需要增加生活教育，而这是未成年人健康成长极为需要的必修课，自然也是家庭教育和学校教育不可推卸的重大责任。《家庭教育促进法》第二条明确规定："本法所称家庭教育，是指父母或者其他监护人为促进未成年人全面健康成长，对其实施的道德品质、身体素质、生活技能、文化修养、行为习惯等方面的培育、引导和影响。"可以说，实施"双减"政策为家庭教育回归正道清除了障碍。

第三个误区：家校共育中忽视儿童的参与和评价

从前面所列举的一系列事实可以看出，如果没有儿童的参与，儿童在家校共育中可能处于"被合作"的状态，原本为了促进儿童发展的家校共育，某些时候也可能变为成年人合伙伤害孩子，例如加大作业量和课外补习及考试。有些时候，父母和老师热情高涨、乐此不疲地组织各类应试教育的活动，孩子们却觉得很无奈，甚至心生厌烦。

既然家校共育的出发点是为了儿童，那么一切跟儿童有关的事务都应该听取儿童的意见，并根据儿童的成熟程度适当地吸纳其合理的意见。可是，我多年来参加无数次家庭教育的论坛，包括全国性的高端会议，极少听到儿童参与提出的观点和建议。我就纳闷了：这究竟是法律错了？还是家庭教育工作者无知？毫无疑问，儿童参与不是一个选择，而是一个不容动摇的原则！

我们需要经常思考一个问题：在强调家校社协同育人的时候，做到儿童友好了吗？我就讲一个指标，我们在制定各种关于儿童发展与家校社共育的规划时，是否让儿童参与了。其实，无论是在国际法还是中国的法律中，都对此做了规定，就是一切跟儿童有关的事情，儿童都有权利发表意见。因此我们要明确一点：让儿童参与家校共育是原则，而不是选择。儿童是什么？儿童是研究大人的专家。好多孩子和我说："我妈妈真烦人、真唠叨，她说上个字儿，我就知道下个字儿是什么，她说上句话，我就知道下句话是什么。"这样的教育还有什么价值和希望吗？再次强调：让儿童参与家校共育是原则，不是选择。

儿童本是家校共育的参与者和受益者，可儿童并未被当作一个有独特需求、有独特眼光的权利主体来看待。家校共育的内容和形式如果忽视儿童的需要，不考虑儿童的感受，不思考儿童的身心发展特点，没有将儿童纳入评价体系，这样的家校共育很难有益于儿童的发展。

孙云晓
生活感悟

1. 既然孩子成长深受家庭、学校和社会的影响，学校作为专业的教育机构，有责任主动促进三方的合作共育。如洪明博士所说，这是应对社会发展的重要途径，是依法执教的重要体现，是适应教育对象自身深刻变化的需要，是满足父母主体性与教育权利的需要，也是现代学校教育改革与发展的需要。

2. 良好的少年儿童教育一定是家庭、学校和社会合作共育，而不能只靠任何一方的单独努力，所以，家庭教育、学校教育和社会教育是教育的三大支柱，缺一不可。我赞同洪明博士的观点，合育既是教育实践本身的需要，也是国家意志的体现。合育包括目标的一致、资源的共享、方法的共通、功能的互补。

3. 学校对学生的一个误导在于，各类考试和测验几乎都是以分析性智力为标准，而轻视创造性和实践性智力。著名心理学家斯滕伯格教授说，最为典型的小学成绩报告单包含了诸多对学生学业能力的测量和对学生人际行为的评定，但就是没有创造性行为这一项，富有创造力的儿童常常被视为捣乱者和异端。

第二节　儿童友好的教育理念与实现路径

将儿童友好作为家校社共育的重要理念，就是在儿童生活的主要场域，即家庭和学校及社会中尊重儿童的身心发展规律，倾听儿童的心声，努力打造适宜儿童生存和发展的家校社共育模式。每一个家庭、学校和社区都应该以儿童友好为方向，并且引以为傲。

当前，家校社共育正在全国各地蓬勃开展，取得许多可喜的进步。但是，也有不少家校共育似乎正在忘记初心，忽视儿童的特点与需要，甚至是误导和伤害儿童。因此，我们呼吁要把儿童友好作为家校社共育的重要理念。儿童友好的本质是尊重儿童的权利，做到儿童优先。

一、儿童友好的理念

“我最想建的城市，城市里充满绿色，可以让城市鸟语花香，生机盎然。”这是成都市小小城市规划师对美好城市的渴望，建成后的城市漂亮、纯真、友爱、幸福，充满了童话色彩。2018 年 8 月，由联合国人居署和国家发展改革委城市和小城镇改革发展中心主办，成都市人民政府承办的第二届国际城市可持续发展高层论坛，特意举办这个儿童论坛，目的是探讨城市可持续发展和儿童发展的关系，倡导儿童参与和儿童权利的实现，推动儿童友好型城市建设。

“儿童友好型城市”的概念是在联合国关于人类居住环境的第二次会议决议之后提出来的，即把城市建设为适合所有人群居住的地方。从 1996 年起，许多国家和地区都在为建设儿童友好型城市而努力，他们把儿童的需要和权利写入政策中，特别是城市规划政策的核心。

儿童友好型城市、社区的提出和实践并不是空中楼阁，而是源于教育学、心理学、法学等专业学科对儿童的关注，并逐渐形成了儿童友好的原则，被其他领域认可。将儿童友好作为家校社共育的重要理念，就是在儿童生活的主要场域，即家庭和学校及社会中尊重儿童的身心发展规律，倾听儿童的心声，努力打造适宜儿童生存和发展的家校社共育模式。每一个家庭、学校和社区都应该以儿童友好为方向，并且引以为傲。

一个国家的儿童教育史，就是儿童观的演变史，因为有什么样的儿童观，就会有什么样的教育观。儿童友好的前提是了解儿童的特点和尊重儿童的权利与需求，其途径在于发现儿童——解放儿童——发展儿童。

当代多位中国学者对儿童观问题都有深入的研究，如东北师范大学姚伟教授的《儿童观及其时代性转换》等。南京师范大学蒋雅俊、刘晓东教授在其《儿童观简论》中认为，从教育思想史角度看，现代教育学的诞生源于对儿童的“发现”。卢梭在《爱弥儿》原序中指出：“我们对儿童是一点也不理解的：对他们的观念错了，所以愈走就愈入歧途。最明智的人致力于研究成年人应该知道些什么，可是却不考虑孩子们按其能力可以学到些什么，他们总是把小孩子当大人看待，而不想一想他还没有成人哩。我所钻研的就是这种问题……”[①] 可见卢梭本人的教育研究是以理解儿童为方法论前提的，他的教育学首先是从理解儿童开始的，从而隐含着这样的命题：教育应当以儿童为中心，教育学应当以理解儿童为起点。卢梭提出了“把儿童当作儿童看待”的儿童观，在《爱弥儿》一书中提出：“在万物的秩序中，人类有它的地位；在人生的秩序中，童年有它的地位：应当把成人看作成人，把孩子看作孩子。”卢梭认为，儿童首先是人，但是儿童又不同于常人，因此还要把儿童当作儿童看待。

杜威将卢梭的教育思想概括为“教育即自然发展”，并认为从卢梭那时以来教育改革家们所最强调的种种主张都源于这一概念。杜威自己提出

---

① 卢梭 . 爱弥儿：上卷［M］. 李平沤，译 . 北京：商务印书馆，2017：原序 2.

了“教育即生长”“教育即生活”等概念。杜威认为儿童是发展中的人，儿童期的生活有自身的价值，教育应该引导人的天性正常生长，要尊重儿童的主人地位，深入了解他们，教育采取的方法、措施都要围绕儿童，以儿童为中心。

蒙台梭利总结了自然主义的教育思想，集当时的医学、心理学、教育学之大成，构建起人本位的儿童地位观、拥有巨大学习潜力的儿童能力观以及具有积极主动性的儿童作用观。她在《童年的秘密》一书中写道：“新教育的目的就是发现儿童和解放儿童。”“培养儿童独立品格首先要改变的是成人对于儿童的态度，不要把孩子当作洋娃娃看待。如果成人总是习惯性地伺候孩子，这不仅是在奴化他们，而且还很危险，这将抑制儿童自发的、有益的活动。”

中国现代的儿童观产生于“五四”运动前后，西方“儿童中心主义思想”涌入中国，中国社会开始以新的视角关注儿童问题。鲁迅率先在《新青年》上发表《狂人日记》，发出了“救救孩子”的呼声。在新文化运动的强大推动下，儿童问题得到了前所未有的重视。在《我们现在怎样做父亲》中，鲁迅提出了这样的思想：“子女是即我非我的人，但既已分立，也便是人类中的人，因为即我，所以更应该尽教育的义务，交给他们自立的能力；因为非我，所以也应同时解放，全部为他们自己所有，成一个独立的人。”

陶行知建构了生活教育理论和创造教育理论，特别重视中国儿童的身心解放，他提出儿童的“六大解放”，并且作了总结性的表述：解放眼睛，教大家看事实；解放头脑，使大家想通；解放双手，使大家可以执行头脑的命令，动手向前开辟；解放嘴，享受言论自由，谈出真理来；解放空间，让小孩飞进大自然大社会去寻觅丰富的食粮；解放时间，把小孩从忙碌中解放出来，看看书，玩一玩，才算有做人的味道。

如果说以上教育家们的论述探索了科学的儿童观，那么儿童权利从“观念”到“法律”的演进更是教育史中的大事，对世界教育产生了重大而深远的影响。从《日内瓦儿童权利宣言》（1924年）、《儿童权利宣言》（1959

年）到《儿童权利公约》（1989 年），反映了儿童权利形成发展的历史过程，也见证了儿童权利在世界教育史中的重要价值与地位。在 1924 年发布的《日内瓦儿童权利宣言》中，儿童权利的概念第一次在国际社会上以“宣言”的形式被正式提出；二战结束后，《儿童权利宣言》的通过使儿童权利的理念更为深入人心；1989 年《儿童权利公约》的通过，标志着儿童权利真正受到法律的保护，在国际社会中落实儿童权利成为重要而有实质性的议题，充分肯定了儿童作为积极创造的主体，充分拥有参与社会、文化、教育生活以及他们个人成长与福利所必需的其他活动的权利。

那么，该如何概括现代儿童观呢？我在《发现童年的秘密》一书中提出：一、童年影响一生，如蒙台梭利所说“儿童是成人之父”；二、儿童是具有巨大潜力和希望的人；三、儿童是具有个性差异并需要尊重的人；四、儿童虽然弱小，但也是一个权利的主体；五、儿童是受到特殊保护的人。

其实，我国法律体系中有许多对儿童的关照和保护。新中国从法律和政策都在竭力尊重儿童的权利，做到儿童友好和儿童优先。例如，《中华人民共和国未成年人保护法》关于儿童的权利方面有明确规定，未成年人享有生存权、发展权、受保护权、参与权。国家根据未成年人身心发展特点给予特殊、优先保护，保障未成年人的合法权益不受侵犯。保护未成年人的工作，应当遵循下列原则：一、保障未成年人的合法权益；二、尊重未成年人的人格尊严；三、适应未成年人身心发展的特点；四、教育与保护相结合。《家庭教育促进法》第五条规定：“家庭教育应当符合以下要求：（一）尊重未成年人身心发展规律和个体差异；（二）尊重未成年人人格尊严，保护未成年人隐私权和个人信息，保障未成年人合法权益”；等等。

二、儿童友好的实现路径

理想的家校社共育的原则与方向是什么呢？毫无疑问，在儿童友好这一根本原则下，坚持立德树人的方针，坚持家庭生活教育的宗旨，努力培育儿童养成良好习惯与健全人格，才是家校社共育的根本原则与方向。

具体来讲，儿童友好的家校社共育要把握以下四个要点：

1. 家校社共育要全面推进素质教育，落实德智体美劳五育并举的方针

家校社共育绝不能为应试教育推波助澜，应摒弃“唯知主义”倾向，树立正确的成才观念，注重儿童德智体美劳协调发展。首先要注重德育，引导儿童形成正确的价值观念，把教孩子学会做人作为核心目标。

要在生活实践中找到学会做人的突破点，例如抓住劳动教育、社会实践和体育运动等薄弱环节。山东省枣庄十五中由家长委员会组织励志远足实践活动课程，确立红色之旅、文化之旅、自然之旅等 10 余条经典路线，为学生“远足锻炼、生态考察、心理疗养”提供有力支持。山东省家校共育的一个亮点，就是在家长委员会的积极支持下，许多中小学都恢复了春游秋游等活动。武汉市教育局推进家校社共育，以非凡的勇气坚持 20 多年开展夏令营活动，让 20 多万中小学生“跟着课本游中国”，在大自然里体验成长。浙江衢州石梁中学坚持 25 年组织全校学生长距离远足拉练，也离不开家校社共育的支持。近些年，教育部积极倡导开展研学旅行活动，最需要的支持力量就来自家校社共育。

2. 家校社共育中要积极引导父母注重家庭建设，以生活教育助力儿童发展

家校社共育需要引导父母热爱生活、反思生活、创造生活、引领生活，给予孩子真善美的生活。例如，江西省弋阳县圭峰中学有 900 多名学生，其中就有 700 多名留守学生。该校自 2013 年起，连续数年将家长会开到留守学生父母打工较为集中的浙江义乌，让父母们看到孩子们的视频，再录制父母们的视频带回学校播放给学生，深刻促进了家庭建设和亲子交流。首都师范大学附属小学从家庭老物件和老照片入手，开展“学家史、寻家训、传家风”家庭课程，让家庭建设与家风传承更为深入。

3. 要创造条件建立机制，确保儿童适当参与家校社共育计划的讨论与执行

家校社共育要倾听孩子的声音，让孩子充分表达自己的意愿。根据救

助儿童会国际联盟的工作定义，“儿童参与”指的是“儿童自由自愿投入到表达观点、进行决策或实施行动以实现自身及（或）其他儿童利益并确保其权利的实现和保护”。杭州市崇文实验学校改革优秀家长评选方式，鼓励每个学生写一写、说一说父母所做的令自己难忘的事情，由家长委员会和学生代表共同组成评选委员会，联合评选出班级好父母。在颁奖会上，由学生担任颁奖嘉宾，宣读孩子写的颁奖词。深圳市罗湖区翠北实验小学和苏州市科技城实验小学等学校的学生家庭，普遍流行家庭会议的模式，学生们大都有机会对家庭事务发表意见，取得了良好效果。由此可见，有必要建立一个简便有效的儿童参与机制。例如，家校社共育的计划或方案，可以请学校的少先队大队和中队委员会组织讨论，队干部代表队员们发表意见，或直接征求全体队员的意见。家委会与队委会约定，家校社共育方案一定重视少先队员们的意见。实践证明，得到儿童理解和支持的家校社共育方案，更有可能取得良好效果。在中学，可以通过学生会或团委的渠道，征求中学生的意见。学生年龄越大，参与决策的能力越强。

家校社共育还要把握一个导向，即引导广大父母在家庭生活中鼓励儿童表达自己的意愿，阐述自己的需求。总之，家校社共育的过程中，要将儿童参与作为不可或缺的重要环节，让儿童成为家校社共育的建言者、参与者、受益者。

4. 家校社共育要激发儿童的创造力，培育创新人才

每个儿童的内心都有一个等待被唤醒的“巨人”，儿童的创造力需要激活。在儿童友好原则下，更要保护儿童的童心。多给儿童一些积极的刺激和体验，儿童就会有很多好奇心与想象力的萌发。家校社共育要多开展丰富多彩的活动，为儿童的实践与探索提供强有力的支持。例如，苏州市翰林小学充分利用一百多名博士爸爸妈妈的资源，为小学生开设科学课程，深受儿童的欢迎。还有些学校开展“跟着爸爸妈妈上班一天，给孩子好梦无限”等活动，也让孩子们大开眼界，并密切了亲子关系。

家校社共育的一个根本原则，就是要牢牢确立儿童友好的价值观，将儿童优先置于不可动摇的地位。儿童的健康成长既离不开自身的独特生命特性，也离不开其生活环境。正如杜威所说：“成年人有意识地控制未成熟者所受的教育，唯一的方法是控制他们的环境，让他们在这个环境中行动、思考和感受。”家校社共育中的儿童友好应如何落到实处呢？就是要从家庭、学校到社区乃至全社会做起，给儿童提供一个适合他们生存和发展的环境，革除各种各样阻碍儿童发展的障碍，真正促进儿童的幸福成长。

孙云晓
生活感悟

1. 世界上许多事情并非是由最具备条件的人完成的，而成就于有心并有勇气和毅力的人。2018年10月14日，我在扬州邗江区育才小学西区校参加家庭教育分论坛活动，见证了中国家庭教育博物馆的开馆。尽管简单粗疏一些，但一所小学能够办起中国家庭教育博物馆，就是了不起的创举，可喜可贺可敬。据悉，该馆首先为学生和父母服务，也可能成为研学旅行的基地。由此感慨，中国有太多博物馆闲置，向服务家庭教育和家校社合育发展，有可能一举数得。

2. 对儿童是否友好是检验一个地方或国家是否文明的重要标准。在民政部召开的留守儿童关爱工作研讨会上，北京大学刘继同教授和中国青年政治学院的童小军教授都呼吁，关键措施之一是建立儿童福利体系，通过社工提供专业服务。留守儿童问题是社会矛盾个人化、儿童化、家庭化问题，特别需要支持。

3. 您是儿童友好的父母和老师或管理者吗？这是每个成年人都需要反思的问题。有一次在中国儿童中心出席中国儿童发展论坛座谈会，我深感中国虽有巨大发展，却有太多对儿童不友好的问题。时任国务院妇儿工委办公室常务副主任的王卫国认为，儿童友好是儿童优先的体现，一切都需要儿童友好，但食品安全、暴力、意外伤害是对儿童不友好的三大突出问题。联合国儿基会1996年发起儿童友好型城市倡议，全球已有800多个城市获得联合国儿基会“儿童友好城市”认证，而中国至今依然空白。其实，每一个家庭、学校、社区，一切与儿童有关的人士，都需要做到儿童友好。

4. 推动儿童友好型城市的创建，将成为维护儿童权利的有力举措。如中国儿童发展论坛主席朱永新教授所说，论坛以“儿童友好让世界更美好”为主题，以实体化操作为抓手。在我看来，儿童友好即善待儿童，优先满足儿童身心发展的需要。每一座城市都应以儿童友好为荣，以儿童不友好为耻。不仅是儿童友好型城市，也可以发展儿童友好型学校、社区、企业，此外，发展儿童友好型家庭是第一位的。当然，溺爱并非友好，而是慢性伤害。我倡导以运动培养强悍人格，这才是真正的儿童友好。

第三节　学校如何指导家庭生活教育

家庭生活是家庭教育最直接也最丰富的源泉，家庭生活也是学校教育特别珍贵的资源，家校共育的根本方法是促进家校生活的良性互动，从而在丰富多彩的生活实践中实现立德树人的核心目标。

在自 2020 年开始的疫情期间，全国教育系统积极探索实行“停课不停学”的应对策略。毫无疑问，这样的战略选择是从实际出发的，也是具有远见卓识的，这是对学生负责，是对国家和民族负责。但是，我们需要看到，全民抗击疫情的基础在家庭，家庭的生活能力是抗击疫情最基本的保障能力，要把帮助提升家庭生活能力作为抗疫的重要举措。同时，中小学生的居家学习应当具有家庭生活的特点，只有符合家庭生活教育的规律，才可能取得良好的效果。

“停课不停学”经历了几年的大面积实践，既获得了线上教育教学的珍贵经验，也有许多耐人寻味的教训。其中一个教训是忽视了学生身心特点和疫情之下复杂的心理状态，尤其是忽视了家庭教育的本质属性是生活教育，暴露了家庭建设的短板。疫情之前，学业压力主要集中在学校，家庭只是“殃及池鱼”；疫情之中，学业压力压向家庭，家庭难以承受，所以便矛盾不断。针对北京一所小学教师的调查发现，小学生父母对于居家学习的负面评价占六成以上。这样的数据不能推论全国，却可以看到冰山一角。

2021 年 8 月 17 日发生的一件重要的事情耐人寻味。当天上午，第十三届全国人大常委会第三十次会议举行，听取《家庭教育法（草案）》修改情况的汇报。草案二次审议稿拟将《家庭教育法》的名称修改为《家庭教育促进法》，同时还提出家庭教育的主要责任在家庭，政府特别是司法机关不宜过度干预，更不宜采取罚款、拘留等过于严厉的处罚措施，建议与《未成年人保护法》等法律相衔接。这些修改意见何以耐人寻味呢？最重要的就是其提出要尊重父母与家庭，因为父母和家庭是实施家庭教育的主体责任者，而国家制定此法律的根本目的是促进和帮助家庭教育。

我一直在想，全国人大关于家庭教育法的修改意见，给予学校及一切家庭教育指导服务机构一个非同寻常的启示：务必控制自己将家庭变为学校的冲动和意愿，家庭教育指导服务必须尊重家庭，必须尊重家庭建设与家庭教育的规律，而家庭教育主要是生活教育的鲜明特色尤其需要尊重。实际上，家庭生活是家庭教育最直接也最丰富的源泉，家庭生活也是学校教育特别珍贵的资源，家校共育的根本方法是促进家校生活的良性互动，从而在丰富多彩的生活实践中实现立德树人的核心目标。

家庭教育指导服务要以生活教育为本，这个基本原则如何落到实处呢？这里提出以下四条建议。

一、将推进家庭生活教育作为家校共育的重要宗旨，进一步丰富完善家庭教育指导服务体系的建设与追求

家校共育的根本目标是立德树人，其途径一是提升学校教育的水平，二是提升家庭教育的水平，并且促进两者的密切合作。家校共育是知识教育与生活教育的相辅相成，学校要在家庭教育指导服务中积极促进家庭建设，因为具有美好而完整功能的家庭最有利于孩子成长，也是学校教育最好的基础。

家庭生活教育会引导孩子热爱家庭、关心社会。例如，深圳市宝安区推动各中小学积极培育亲子社群。2021 年举办“深爱您 · 圳过年”亲子社群特色活动，以学校指导、各方支持、父母组织、家庭参与的形式，保障活动有序开展。通过“新年话佳节”“假期游深圳”“亲子共读时”“练出好身体”等一系列活动，引导孩子在活动体验中增进交流，加强社会交往，培养积极乐观的生活态度。

作为学生的父母，配合与支持学校的工作是必要的。同样，作为学生的教师，尊重与支持家庭建设与家庭教育也是必要的。要看到家庭教育比学校教育历史更悠久、内涵更丰富、方法更多样、影响更深远；要懂得家庭教育的天然优势是亲情联结与情感培育，夫妻关系与亲子关系及三代人的关系均有巨大影响力；要明白家庭教育的独特魅力是生活教育，而生活教育是对孩子成长最有益的教育。家庭教育的这些特点和优势，对于学生的健康发展是极为重要的资源，家校共育要给予尊重、支持和利用，而不是忽视、消解和扭曲。

二、在家校共育过程中要尊重家庭的传统与个性，激发家庭生活教育的活力

家校合作推进家庭教育已经成为共识，并且可能会采取一些统一的计划与行动，或者推广某些固定的教育模式。但是，家庭是社会最小的细胞，也是最为活跃的细胞，因为文化背景和发展历程的不同，往往拥有独特的传统与个性，因而表现为千姿百态。因此，家校共育推进家庭教育要尊重家庭的传统与个性，要注意发现和总结各类型家庭多种多样的成功经验，而不是忽视个性，强求一致。

2021年11月21日，在教育部基础教育教学指导委员会家庭教育指导专业委员会举办的家校社共育案例发布会上，苏州市科技城实验小学校长徐瑛的经验介绍引起关注。该校坚持生活教育多年，积极构建学生父母自助的学习生态圈，以高水平父母带动广大父母的方式，将许多父母培养成为家庭教育培育师，以点带面深化家庭生活教育，同时还研发了二十四节气课程，将知识教育与生活教育结合起来。徐瑛校长说，父母参与家庭教育培育师项目的时间是一年，这一年里，他们对父母的实践、反思、表达提出了具体的要求，每个月要写8篇觉察日记，记录并点评自己日常的家庭生活教育行为和思考，及时纠偏，及时鼓励自己。

我有幸去过苏州市科技城实验小学，也有幸读到了该校学生父母写的

一些觉察日记。令我大为惊叹的是，父母们将自己家庭的生活教育日记写得妙趣横生，其反思近乎教育专家的水平。

三、家校共育要坚持寻找美好家庭，用先进父母的经验带动广大父母提升育人水平

著名心理学家班杜拉的观察学习理论证明，榜样的影响力是巨大的。家校共育推进家庭生活教育的一个重要方法就是以点带面，而寻找美好家庭就是值得推而广之的做法。中央文明办倡导的文明家庭，全国妇联倡导的最美家庭，还有各地倡导的评选优秀父母和书香家庭等做法，都是行之有效的成功经验。这些美好家庭创造的经验，其核心就是良好的家庭建设和家庭教育。所以，坚持不断地寻找和推介美好家庭，就是家庭生活教育最富有活力的发展方式之一。

在家庭生活中，富有创造性的好父母很多。如河南省家庭教育学会会长陶真，带领微信群妈妈们开展“百日早餐不重样小打卡”活动，她则坚持1000天做早餐都有新变化。妈妈的辛劳与灵巧让孩子倍感骄傲，孩子不仅爱吃早餐，也更加热爱家庭生活。在妈妈们的带动下，许多孩子都学会了做饭，体验了生活的乐趣。实际上，一个从来都不做家务的孩子，即使学业再好，将来都难免在生活中遇到缺憾。无数人的人生经历告诉我们，会做饭会生活的人更可能独立并创造幸福，不会做饭不会生活的人难以独立并可能成为别人的负担。

从工作层面来说，学校的家长会、家长学校、家委会都可以传播家庭生活教育的好经验、好方法。建议学校多推荐那些家庭生活教育有创新、有实效的经验，这就是一种方向性的引领。

四、在家校共育过程中注重儿童参与，以教育引领生活，积极改造那些不适合孩子成长的生活

当我们谈到生活即教育的时候，完全可以理解，不是所有的生活都是

好的生活，更不是所有的生活都有利于孩子的成长。比如，一家人聚在一起，却是各人捧着手机，各玩各的，互不关心，就是一个普遍存在的扭曲生活。

发现人们过度使用手机的问题后，北京市史家教育集团小学四年级小学生朱子薇发出倡议：开展“放下手机，让我们真正在一起”的服务学习公益行动。这是儿童参与改变生活的美好实践。2021 年 11 月 21 日，在教育部家庭教育指导专业委员会举办的家校社共育案例发布会上，史家教育集团领导介绍了该行动的具体经过：

朱子薇同学发出倡议之后，在班主任和父母的支持下，孩子们通过观察和访谈，对家人使用手机的情况有了更进一步的了解。他们根据自己的观察进行讨论后设计调查问卷，对父母们使用手机的状况进行调查，测算父母真正放下手机陪伴孩子的时间。他们还发动全班同学创作亲子漫画表达心声，呼吁父母把晚间亲子互动的时间留给孩子。这份测算时间的报告让父母们汗颜，他们突然意识到原来自己陪伴孩子的时间这么少。该项目不仅仅促使父母们提高意识，更重要的是提出了具体的解决办法。

孩子们提出“放下手机，让我们真正在一起”，以28天坚持培养一个好习惯为目标，建议每个家庭都制订一个具体行动计划表。连续28天，爸爸妈妈每天晚上至少有一个小时放下手机，远离微信，不去追剧，和孩子一起读书、交流，一起做运动等，增加亲子陪伴时间，最后看看哪个家庭坚持的时间长。

此项目由小团体拓展到班级，又扩大到学校和社区，越来越多的人参与进来。仅半年时间，孩子们累计收回近900份调查问卷，切实推动1000多个家庭放下手机，参与家庭累计放下手机5.4万个小时，平均每个家庭每天放下手机2.2个小时，有效促进了亲子关系的融洽，取得了良好的效果。父母们纷纷发表感言。有的父母说：“我们总是觉着孩子已经长大了，可以自己去玩了。好不容易有点时间，自己玩玩手机怎么了。没想到自己手机依赖这么严重，占用这么多时间。而孩子无论多么大，都渴望和父母进行交流和玩耍。这次活动教育了我，让我意识到以身作则不是嘴上说说，真正的陪伴是用心交流，而不是在孩子身边玩手机。”

由此可见，父母与孩子一起创造美好生活，才是真正富有生命力的家庭教育。史家教育集团最令人称道的是，他们并非偶尔尊重学生的建议，而是建立了一种长期运行的儿童参与机制，即鼓励学生成立各类服务学习项目小组。据悉，该教育集团的学生已经创造了上百个参与性案例。

家校共育要把握一个导向，即引导广大父母在家庭生活中鼓励儿童表达自己的意愿，阐述自己的需求。总之，家校共育的过程中，要将儿童参与作为不可或缺的重要环节，让儿童成为家校协同的建言者、参与者、受益者。

孙云晓
生活感悟

1. 如果没有家校合作，家庭教育与学校教育都难以完成。但是，没有边界的合作不会持久，更不会和谐。譬如，有些学校将教学任务过多地压给家庭，误导家庭变为第二课堂，就是典型的越界行为。家庭当然应支持配合学校，如果干涉学校正常的教育教学计划，也是不当的越界行为。家校合作需要以相互理解、相互尊重、相互支持为原则。

2. 推进家校合作是极端必要的，但如果把家庭变为学校的附庸，把父母变为教师的助教，则是极端危险的。陈建翔教授一语中的：许多人“把学校教育当作教育的唯一标准和模板，弃守家庭教育的独特属性和作用，不能按照家庭教育自身的特殊规律来教育孩子，使家庭教育实际上被淘空、架空”。

3. 2012年3月，教育部出台《关于建立中小学幼儿园家长委员会的指导意见》，这是规范化办学的重要措施。家长委员会当然是家庭与学校沟通的桥梁，但其根本职能是参与学校管理，其依据是孩子身心发展的特点规律和国家的法律法规。需要防止的一个错误倾向是把父母仅仅当成教师的助手。

4. 我们当然不宜培养孩子的自私，但是，一个不爱自己的人也很难爱别人。因此，关心别人从关心自己开始，应当成为儿童教育的一个基本原则。我欣赏山东青州市西苑小学的生活教育，例如培养孩子每天起床后喝一杯温开水的习惯，让孩子明白许多生活的道理，知道该如何关心别人。

5. 贯彻落实《家庭教育促进法》，“各级人民政府指导家庭教育工作”，“中小学校、幼儿园应当将家庭教育指导服务纳入工作计划”，应当明确家庭教育指导服务的重点与路径是生活教育，而生活教育包括道德品质、身体素质、生活技能、文化修养、行为习惯等丰富的内容。理由一，生活教育是家庭教育的本质特点，没有生活教育就没有家庭教育。理由二，生活教育是最有益于未成年人成长的家庭教育，提升生活技能有助于未成年人学会独立和适应社会。理由三，只有丰富的生活实践，才能为立德树人奠定坚实的基础，否则德育可能成为空中楼阁。理由四，只有家庭教育回归生活教育，才能与学校教育和社会教育相辅相成。尤其值得关注的是，目前的许多家庭教育及家庭教育指导服务都是远离生活教育的，甚至存在反生活教育的倾向。例如，中小学生做家务劳动长期以来都是短板，就是一个有目共睹的事实。可以断言，一代少年儿童生活技能高低是检验家庭教育成败得失的试金石。

第四节 生活教育让父母们各显神通

让家庭教育回归和创造美好生活是我的梦想。读赵汀阳教授的伦理学名著《论可能生活》令我心动：我们所期待的生活是可能的吗？可能的生活能否改变旧的世界？可能的生活将把我们的家庭带向何方？

党和国家将人民的幸福生活作为奋斗的目标，这自然也是家庭生活教育的追求。赵汀阳教授的观点值得思考："生活的根本问题是生活本意或者说生活本身的目的；生活的本意在于创造幸福生活。""实现更多的可能生活意味着更加丰富的生活。""幸福生活只能是一个由人所创造的具有永恒意义的生活。所有幸福都来自创造性生活，重复性活动只是生存。""追求幸福是每个人的生活动力，这是一个明显的真理。如果不去或不能追求幸福，生活就毫无意义。"[①] 简而言之，追求幸福是我们的生活动力，不追求幸福则让生活失去了意义，而具有创造性和永恒意义的生活才是幸福生活。显然，家庭生活教育应该追求幸福，具有意义和创造性则是应有之义。

《家庭教育促进法》将家庭教育概括为五个主要内容，即道德品质、身体素质、生活技能、文化修养、行为习惯，而这正是家庭生活教育内容的完整概括。该法赋予中小学校和幼儿园指导服务家庭教育的重要责任。问题在于：学校具体该如何做？是尊重家庭教育是生活教育的特点，还是将家庭教育学校化或知识化？毫无疑问，前者将促进家庭教育良性发展，而后者将把家庭教育带入误区。苏州科技城实验小学的经验之所以值得推广和借鉴，就是因为它促进了学校教育与家庭教育的相互尊重和良性互动，

① 赵汀阳．论可能生活［M］．北京：中国人民大学出版社，2010：143.

进而带动家庭生活教育自主自动的创新发展。这是一种奇妙的创造，因为有益于孩子及父母与教师的成长，给学校与家庭都带来了幸福。

家庭生活教育的成败得失需要实践的检验。我与朱永新教授在主编《家庭生活教育丛书》的过程中，有幸读到了苏州科技城实验小学 39 位父母写的教育叙事，这些生动记述可谓妙趣横生、五彩斑斓，让我“借一斑而窥全豹”。这里与大家分享 4 个令我难忘的生活教育故事。为了方便大家阅读，我将其中一些原文做了一些编辑整理，但首先要感谢原作者的贡献。

乌米饭

张宸籽老师一家来苏州几年了，开始喜欢苏州的时令美食，她的儿子尤其爱吃乌米饭。每每到了乌饭树叶子冒出来时，奶奶就开始忙起来了，因为乌米饭做起来很是烦琐。但是，孙子吃得开心，于是，奶奶忙起来也开心。

吃得习惯了，时不时就会想着。突然有一段时间没吃，儿子很诧异地问：“怎么最近没吃乌米饭？”

“哎，冰箱里的乌树叶用完了。等新叶子长出来，奶奶上山采去。”奶奶说得自然，孙子听得习惯，妈妈却有点坐不住了。

“上山太不方便了，你腰不好，不要去了。我在网上买些叶子也是可以的。”

“网上不一定新鲜呀！”

读五年级的儿子是个小“暖男”，他边吃饭边抬头看着奶奶说：“奶奶，听妈妈的，你不要上山去采叶子了，就网上买吧！”听到这，奶奶更是喜笑颜开，连连点头。

网购的一大包乌饭树叶子到了。打开一看，枯枝老叶夹杂在一起。妈妈招呼儿子：“今晚和我一起整理乌饭树叶子。”

“明天不行吗？”儿子看着手里的乐高，有点不乐意。

“我明天有安排了，这件事情只能在今天做了，如果你想明天吃到乌米饭的话。”妈妈知道儿子想继续玩乐高，没怎么顺着他的意思说。

“我来吧，这么脏的叶子，小孩弄到什么时候呀？”奶奶一边说一边坐了下来。

“妈，你下去走两圈，带斤糯米上来。”妈妈接过奶奶手上的叶子，招呼儿子：“峻丞，你确定不来吗？我特别需要你的帮助哦！”

“好的吧！”儿子虽然有点不愿意，但还是坐了下来。

“你看，这些太老了，你要把这几片去掉，留下这些嫩的。”妈妈一边说一边拿给儿子看。

“知道，知道！”小家伙不耐烦地挥挥手。只是买回来的叶子水滋滋的，滴在地上，粘在手里。儿子时不时甩一下手，又对着妈妈挥着手嚷道：

“妈妈，我的指甲都黑了。”

“就是这样的，奶奶之前的指甲也是黑的，就是为了给你做乌米饭。”

“很辛苦呀！”儿子看着自己的“黑指甲”，若有所思地说：“妈妈，我觉得每年奶奶的指甲都要黑两次。你觉得呢？”

“这是什么意思呢？”

“你想呀，一次指甲黑是为我做乌米饭，还有一次是为我剥枇杷弄的。”说完，儿子眨巴着眼睛看着妈妈。

“都是为了你吃得开心呢！”妈妈话锋一转，“可是，有的事情你可以自己做呀！这样奶奶的指甲就不会黑了。”10岁的儿子懂得很多，听到这里，有些不好意思地笑了。

终于把叶子都整理干净了。娘俩又一起把叶子清洗干净，接下来就是打汁了。

“妈妈你坐着，我自己来吧！”妈妈还没回答，儿子已经拿出榨汁机，做准备工作了。榨汁、过滤、沉淀……虽然做得毛毛躁躁，但也像模像样。

第二天的乌米饭油亮亮的，嗅一下，特有的乌饭叶香味加上蜂蜜的甜，香喷喷的。儿子闻一下说："真香！我感觉比以前的香。"

（本文原作者：张宸籽）

张宸籽老师家做乌米饭的故事好在哪里呢？一般来说，传统美食最容易让人感受到劳动的神奇魅力，甚至成为"舌尖上"的家乡。所以，从学做地方传统美食入手，具有特别丰富的意义，如增进对地方传统的理解或者融入新的环境，提高劳动的技能，密切家人的关系，等等，对儿童尤其如此。从更深一层来看，孩子体验了做乌米饭的过程，并在和妈妈的聊天中理解了奶奶的辛苦，感受到奶奶对自己的疼爱，所以，他主动承担了将乌树叶榨汁、过滤、沉淀等任务。实际上，许多孩子做家务劳动都有一个从被动到主动的过程，这是需要父母的智慧引领的。也正是因为有了新的体验和认知，闻着刚刚出锅的乌米饭，孩子会发自内心地感叹："真香！我感觉比以前的香。"

兄妹间的风波

张群琴妈妈是一家公司的副总，家有儿女一双。一个大周末，一家四口决定去逛商场，买好孩子们的物品后，安排孩子们去儿童乐园里玩，大人也能休息会儿。刚进乐园，兄妹俩你追我赶，开心极了。可没玩多长时间，两个孩子就起了冲突。

事情因乐园里的沙子而起——

乐园的一角有个玩沙子的地方，兄妹俩直奔过去，各自玩了起来，哥哥妹妹分别搭起了自己的城堡。不知什么原因，哥哥的城堡突然倒了，他很生气，看着妹妹的城堡好好的，下意识地怀疑是妹妹干的，心里别提有多不舒服了。他拿起一把沙子，狠狠向妹妹脸上撒去；"女汉子"妹妹也不甘示弱，捧起沙子就往哥哥头上撒。就这样，两人闹了起来。

看着他俩气哄哄、闹哄哄的样子，妈妈心里的火立马升腾了起来。她把哥哥拉到一边说："不管是不是妹妹推倒你的城堡，你都不应该朝妹妹脸上撒沙子，万一撒到眼睛里呢？”安抚好哥哥，她又对妹妹说：“哥哥先动的手，这一点很不应该。可是，你也不应该朝哥哥头上撒沙子，在头发里的沙子可难洗掉了。”

两人虽然不吵了，但一脸的不服气，脸上像写满了“凭什么凭什么”。一家四口一路无话地回了家，一场风波似乎是平息了。

第二天一早，妈妈叫妹妹起床时发现：天哪！眼睛肿了！一定是昨天哥哥撒的沙子进入眼睛了！

妈妈心疼地问：“疼吗？”

妹妹搂着妈妈，一脸无辜地说：“嗯，疼的。哥哥欺负我，沙子都进我眼睛了，哥哥就是坏蛋，我讨厌哥哥！如果我们家里没有哥哥就好了，我不要哥哥在我们家……”

妈妈带着妹妹在镜子前照了照。妹妹越看越伤心，又哭了起来。唉！看来还是得利用这个机会教育一下哥哥呀！

妈妈竭力控制好情绪，用平和的语气把哥哥叫了过来，说：“你看看，妹妹的眼睛这是怎么了？”

哥哥是三年级小学生，他一看，紧张坏了，吓得不敢多说话，支支吾吾地说：“这是昨天的沙子撒进眼睛了吗？怎么会肿成这样呢？”

妈妈说：“是的，沙子里有很多细菌，如果进到眼睛里的话，眼睛很可能会肿起来，也很容易被细菌感染，你说该怎么办？”

哥哥想了想，说：“我是哥哥，以后我要多照顾妹妹，就算吵架，我也要考虑下后果，不能做出伤害妹妹的事情。作为补偿，我愿意把我的玩具给妹妹玩，她想玩多久就玩多久。另外，我每天给妹妹打架子鼓，让她心情好点。”

妹妹本来还在一旁可怜兮兮地哭着，一听这几个条件，想想不错呀，忍不住乐了起来。不一会儿，两个孩子又蹦蹦跳跳一块玩去了。

到了中午，妈妈看着妹妹的眼睛越来越肿了，担心是细菌感染，决定带妹妹去医院检查一下。果然，医生诊断：细菌感染。医生给配了消炎药和眼药水，医药费56元，挂号费12元，一共花了68元。哥哥在一旁主动提出这个费用由他来承担。

一回到家，哥哥马上跑进自己的房间，拿出100元给妹妹，妹妹说："那我要给哥哥找多少元呀？100−56−12=32元，那我要给哥哥一张10元，一张20元，再加2个硬币……"就这样来来回回地算了几遍，像是在做数学游戏一样，完全忘记了之前发生的不愉快。父母在一旁乐呵呵地看着。

其实，生活中的小风波就是孩子成长的契机。妈妈很庆幸当孩子之间发生冲突时，没有用简单的方式去评判、指责、处理，而是引导孩子认识自己的错误，自我觉察，自我反思，并对自己的错误负责任，也许这就是对他们最好的教育。

（本文原作者：张群琴）

孩子往往是在犯错误中长大的，关键是能否从所犯错误中吸取教训和营养。因此，如何引导孩子认识错误、承认错误并且敢于承担责任，这是家庭生活教育的重要任务，也是本文的特殊价值所在。实际上，张群琴和先生肯定不缺这 68 元钱，能够自然平静地同意由儿子支付，是给了儿子承担责任的机会，这是藏起一半爱心的教育远见。

养猫记

陈明珠是五年级女孩睿睿的母亲。

一年半以前，当睿睿第一次提出想养一只猫咪的时候，妈妈吓了一跳。对于一个小时候就被猫咪狗狗抓咬过的人来说，这个话题让她感到恐惧，因为有太多不确定的因素是她一下子无法接受的。但是，她知道孩子是家里的一分子，她有权利提出自己的需求，重要的是家人怎样有效地沟通，在彼此相互理解的基础上达成共识。于是，妈妈提议，把是否养猫的话题放到家庭会议上讨论，女儿欣然答应。

是否养猫咪——第一次家庭会议

2020年5月30日，周六，一家三口就“是否养猫”这个话题召开了第一次家庭会议。家庭会议是家里常用的一种讨论问题的形式，不仅讨论孩子的问题，也会讨论父母的问题，会议的氛围是平等的、尊重的、接纳的。会议的流程以家人相互致谢开始，以家庭游戏活动结束，每次开会之前还会准备很多小零食，所以每一次的会议其实不仅仅是在解决问题，也是彼此连接的机会，因此每个人都非常期待这样的会议。所以晚上一吃完饭，睿睿就赶紧跟妈妈一起收拾餐桌，把零食端上桌，拿来会议记录本，提前准备游戏，一切准备就绪。

这次的主持人是妈妈，为了节约时间，她省去了致谢的环节，直接展开了对第一个议题的讨论——各自分享自己关于养猫的想法、感受。

妈妈先是诚实表达自己的感受：“我真的很害怕猫咪，因为小时候被狗咬过，而且我也接受不了家里都是猫毛的生活。所以对于这个话题，我其实很纠结，既不能让睿睿牺牲自己的需求来满足我，也不能委屈自己来满足睿睿。”

睿睿说：“养猫虽然有一些麻烦，打扫卫生要更加频繁，可是它会给我们的生活带来很多平时体会不到的快乐。”

爸爸说：“我不支持也不反对，只是我觉得猫咪是一条生命，一旦决定养，便要好好对待它，并且负责到底，所以我们应该慎重对待这个议题。”

爸爸的话引起了妈妈和女儿的思考，确实，养猫并不是一件简简单单的事情。于是，三人展开头脑风暴，进一步讨论养猫的具体事宜：养猫需要哪些物品？养猫平时要做什么？养一只猫需要多少费用？猫咪是笼养还是散养？养什么品种？睿睿在小黑板上认认真真写下这些议题，三个人一个一个问题兴致勃勃地讨论。

“我们一起来想一想养猫之前我们要考虑哪些，要准备哪些。”

妈妈首先发问。

睿睿赶紧说："我在同学家看到他们买了猫窝、猫爬架、猫粮、猫玩具，还买了一个可以带猫出去玩的包。"

听了睿睿的话，妈妈开始觉察到了自己的烦躁。她很怕家里东西多、乱，如果无端地多出这么多东西，要往哪里安置呢？可家庭会议中头脑风暴环节的一个原则就是不点评。当人能够觉察到自己状态、能够看见自己感受的时候，就不会被感受牵着走。于是，在快速地觉察调整之后，妈妈的心又安定了下来。

讨论后，家人都意识到，原来要迎接一只猫咪的到来，要做很多的准备。尤其在讨论猫咪由谁照顾的议题上，睿睿一听她也要承担铲屎的责任，露出了惊讶的表情。对于这个外出游玩看见卫生间脏一点就宁愿憋着的孩子来说，这其实是有一些难度的。她一直以为自己只要和猫咪玩玩亲亲就可以了，所以当妈妈提出这个议题的时候，她惊讶得张大了嘴巴，很久都没有合上。

前面几个问题经过讨论一一得到了答案，只有照顾猫咪的分工和养什么品种这两个最重要的问题没有得到解决，因为全家对猫的品种并不是非常熟悉，大家决定先收集一下资料再说。

"可是，谁去收集资料呢？"对于养猫这件事抱着无所谓态度的爸爸说。

"那就由我负责吧！"睿睿爽快地接过任务。显然，她是最想养猫的。

这场家庭会议结束后，睿睿已经不那么执着于一定要养猫咪了，而妈妈也因为这么细致的讨论，心里踏实了很多，感觉养猫也不再是令她那么恐惧的一件事了。

第二天周日，一早吃完饭，睿睿便一头扎进屋里，开始认真地查起了资料，百度搜索，打电话跟养猫的小伙伴交流。在这个过程中，睿睿学到了很多关于猫咪的知识，都快成为一个"小专家"啦！睿睿还主动搜索了附近的几家猫舍，邀请妈妈一起上门去体验。在猫舍，她一边撸猫，一边跟猫咪的主人聊天，请教很多问题。妈妈表面上漫不经心，实则内心还是非常欣喜的，欣喜于女儿考虑问题的细致全面，欣喜于女儿学会了为他们考虑。而妈妈也主动请教养猫的朋友，把她担心的问题一一抛出来：怕猫会咬人怎么办？咬了会不会得狂犬病？猫咪掉毛该怎么处理？朋友告诉妈妈，猫咪就像孩子，如果你对它有耐心、有爱心，它就会把你当成最亲的人，它喜欢跟你玩，但是不会伤害你；如果不小心被抓伤咬伤了，狂犬疫苗打一次可以管半年，同时要给猫咪打疫苗，这样就会更加安全；担心掉毛，可以让它在除卧室之外的地方玩耍，沙发上铺上垫子，每天吸沙发、拖地，就可以啦……

渐渐地，妈妈开始有意识地接触朋友家的猫咪，开始关注猫咪和主人的互动，主动去发现猫咪可爱的地方。

养猫推进会——第二次家庭会议

第二次关于养猫的家庭会议是在2021年2月。距离上一次开会已经过去了大半年。在这段时间中，由于大家都很忙，就没有把养猫这件事情提到日程上，睿睿养猫的欲望也没有那么强烈了。但是，睿睿还是非常喜欢猫咪，这次会议，睿睿提出她来当主持人。

睿睿拿出了提前收集好资料的小本子，开始了她的陈述：“根据我的调查发现，常见的宠物猫咪的品种有这些：布偶——性格温顺、长相甜美，这个性格温顺的猫妈妈肯定不害怕，可是毛长，掉毛很厉害。美短——活泼、调皮、好动，不容易生病，可是美短不喜欢被人抱着，不够黏人。英短——长相可爱、能吃，长大了不爱运动，所以很肥，也因此容易生病。不过它们适合新手主人，黏人，养的人也多。无毛猫——没有毛，这样家里就不会有猫毛，但是长相不够可爱。”哈哈，原来，睿睿经过这段时间的“学习”，已经成为一个“猫咪专家”了呀！

爸爸一如既往地随意，对于养什么品种的猫咪依然持无所谓的态度。于是妈妈和睿睿一起探讨，倾向于养一只英短蓝猫。接下来讨论第二个话题：照顾猫咪的分工，每天最基本的铲屎、喂食谁来做。

这一次睿睿自己提出全家三个人轮流，爸爸早上做，妈妈中午做，她晚上放学回来做。这时，爸爸提出反对意见，认为猫咪不是他想养的，所以不应该让他来照顾猫咪。

这一次家庭会议仍然没有做决定，只是大家觉得养猫咪这件事情似乎变得越来越具体化了。而睿睿发现竟然有那么多的准备工作以及后续日常的事情要做，于是她主动提出暂时放弃养猫咪计划，等过两年再说。

总结环节，睿睿说："对于是否养猫还要再思考，不能盲目做决定，同时非常感谢妈妈和爸爸对我想法的支持。"妈妈说："这次会议让我感受到了家庭力量的强大，面对一个有分歧的话题，我们可以通过交流想法及倾听他人来达成共识。"

之后的几个月，家人没有再为是否养猫咪的事情争吵，妈妈竟然发现，在聊天的时候，她会主动跟朋友聊起猫咪，有意无意地开始关注朋友圈里猫咪的信息，开始查找有关养小动物对孩子成长利弊的资料。

达成共识——第三次家庭会议

第三次关于养猫的家庭会议由妈妈发起，那是2021年5月10日。

在这一次的分享中，女儿的想法很坚定，她希望能够有一只可爱的小猫咪来陪伴自己成长，妈妈的想法则变成了也希望能够有一只小猫咪每天在她回来的时候跑到她身边蹭蹭她。爸爸仍旧保持无所谓的态度，不鼓励也不否定。

经过进一步的讨论，全家确定了养一只公的英短蓝猫。

就这样，经过一年半的准备，英短蓝猫泡泡来到了家中。刚来时，小家伙先是生病了半个月，这段时间多亏了女儿之前的知识储备：不能太冷，猫咪的粪便不对，它这个样子是在打喷嚏，猫咪的眼睛一大一小了不对劲，猫咪的鼻子是热的干的应该是发烧了，要给它准备一条毯子垫在窝里给它保暖，不能对它凶……

现在，妈妈和睿睿一起照顾泡泡，并没有严格的分工。妈妈曾经因为不知道怎样让女儿心甘情愿地分担家务而苦恼，可是现在只要有时间，女儿就会主动地给泡泡铲屎，准备蛋黄、牛肉，给它加水添粮。晚上家人相聚的时候，妈妈就迫不及待地给先生和女儿分享泡泡今日的趣事，饭桌上的话题也因此变得更有趣了。

（本文原作者：陈明珠）

为了讨论女儿关于养猫的提议，先后开了3次有充分准备的家庭会议，终于取得理想的结果。这个家庭会议是成功的，既让全家人增长了生活经验，也唤起了女儿的责任心。实际上，家庭生活的许多问题不是简单的对与错或者是与非，而是需要全面了解和冷静分析，才能做出合理的选择，这正是让全家人相亲相爱并不断成长的智慧。陈明珠家的故事给人留下的深刻启示就是，美好的家庭生活需要制度性的保障。谁也难以预料家庭及孩子成长会面临什么样的难题与挑战，靠爸爸或妈妈的权威拍板未必能够真正解决问题，且简单的决定不利于孩子健康成长，而家庭会议体现了家庭成员的平等民主。《家庭教育促进法》十七条规定：要尊重未成年人参与相关家庭事务和发表意见的权利。这个案例告诉我们，孩子的平等参与促进了孩子的责任感与生活能力的提高，这是最为可喜的收获。

每逢节气欢乐多

约会春分寻百草

春分时节，万物勃发，大自然到处呈现出欣欣向荣的景象。四（1）班的二十多个家庭走进了大阳山国家森林公园，约会春分，寻访百草。

为了让活动更有意义，让每个家庭有更多收获，我们还聘请了科技城医院的医生志愿者随队同行。周医生曾连续两届荣获苏州中药鉴别大赛一等奖，今天他将运用自己丰富的专业知识，帮助和引导大家去大自然中“鉴宝”。

孩子们兴奋得像小鸟一样，叽叽喳喳说个不停。老师给每个家庭分配了任务，二十多个家庭分成五个小组，每个小组都有一张植物清单，大家要齐心协力把清单上的植物都找到，并采集样本，才算成功。

河畔，周医生指着岸边一截截像竹竿一样的枯枝问：“有人知道这是什么吗？”

“竹子。”“竹笋。”“芦苇。”孩子们七嘴八舌地说。

“都不准确。这是芦根，就是芦苇的根茎，它生在河边低湿处，可以入药，有清热解毒的功效。”

“哇，好神奇啊！”孩子们纷纷发出惊叹。

“这种植物是什么？叶子怎么长得像个大蒲扇？”在一株灌木边，孩子们停下了脚步。只见这株植物叶子十分茂盛，油亮青翠，形状像大手掌，又像大蒲扇，每片叶子还有8个裂开的角。周医生告诉大家，这种植物的名字和它的样子很有关系，就叫作八角金盘，是一种观叶植物，而且也可以用来作药。

山坡上，在一片不起眼的小草丛前，有人发现了“猪殃殃”。

“为什么叫这个名字啊？”大家都很好奇。

“传说猪吃了这种植物，就会变得病殃殃的。其实它也是一味中药，可以消炎消肿。”

“太好玩了！”“好有趣啊！”孩子们又笑又跳，觉得新鲜极了。

一路行，一路学，队伍中不时发出一声声欢呼：“我们组又找到一种植物了！”“我认识了山莓！”“凤尾草是一种蕨类植物，长得像凤凰的尾巴！”“原来这叫五针松，这叫罗汉松！”

……

父母和孩子们在寓教于乐的轻松氛围里一步步地完成了任务。大家的表现都很棒：有的家庭事先就做了“功课”，查阅了很多关于植物的资料，找起植物来又准又快；有的孩子在父母指导下，一路用手机应用软件识花辨草，看到不认识的植物拍一张照片就能识别，非常管用；不少孩子和父母还带着笔记本，每认识一种植物，就摘一片叶子当作样本，并且在笔记本上认认真真地做记录，画下植物的样子，记录植物的名称和功效；等等。

活动最后，每个小组都进行了成果总结，孩子们把任务完成情况展示给大家。四个小组寻宝清单上的植物全部找到，十分出色地完成了任务。一个小组比较粗心，虽然很认真地做了笔记，但是漏采了几个植物样本，没有完成任务，他们受到了小小的“惩罚”，给大家即兴表演了节目。活动在一片欢声笑语中结束了。短短半天，每个家庭都收获颇丰，既融洽了亲子关系，又认识了很多植物，还感受了春分节气的魅力。

清明时节茶飘香

清明时节，太湖边烟波浩渺，小山上樱花盛开，茶园里满目青翠，生机勃发，茶园春光无限美好。

清晨，孩子们穿着水乡服饰，背着小茶篓，兴致勃勃地跟着爸爸妈妈来到茶园，“哇！茶树上冒出了好多嫩芽芽。”

顾爸爸说：“清明之前，茶树刚刚冒出小芽尖，采制的茶叫碧螺春。清明之后，随着气温慢慢升高，叶芽渐渐长大，采制的茶叫炒青。”

“我还以为，碧螺春和炒青是在不同的茶树上采摘的呢。”丫妈之前没见过茶树。

“碧螺春和炒青是从同样的茶树上采摘下来的，因为采摘时间不同，所以叶片大小不同，茶的口感也不同。”爱喝茶的顾爸爸不停地给大家科普，“碧螺春的采摘有三大特点：摘得早、采得嫩、拣得净。其中清明节气前采制的茶，称为‘明前茶’，最为名贵。这时，芽叶刚刚萌出，芽长才1.5厘米左右，大约需要采摘七万个嫩芽才能炒制一斤碧螺春。”

“哇，茶山上有这么多花树，真美啊！”扑鼻的清香吸引了丫丫的注意。

“聪明的茶农们把碧螺春茶树和果树花树间种，这样，茶叶就会有天然的花香果香。”丫爸说。

“碧螺春怎么采呢？”大家都没有采过茶，急着要体验了。

“一手轻轻拉住茶枝，另一手大拇指和食指捏住嫩芽，轻轻一掐，只掐一叶一芽。”顾爸爸示范起来。

丫丫一边采茶一边作诗：“清明时节忙采茶，一叶一芽别落下。”

经过一上午的采摘，大家满头大汗，成果颇丰。茶篓内，叶芽嫩绿，清香袭人。

中午，孩子们迫不及待想看炒茶。可是顾爸爸说：“嫩芽变成茶叶需要经过颠茶、挑拣、炒制等过程。”

首先是颠茶，顾爸爸把采回的叶芽倒入小筵中，反复颠，颠出了许多碎叶。

接着是挑拣，嫩芽摊放在桌上，大家严格按照一芽一叶的标准，对芽头进行逐个挑拣，剔除了不少小黄叶，掐去了一些多余的嫩叶。

顾爸爸说：“挑拣的过程，不仅能提高茶叶的外观品质，也能让鲜叶的成分轻度氧化，有利于提升茶的口感。”

“一个一个挑拣真慢啊，挑拣也要花好多时间呢，茶农们真的太辛苦了。”丫丫有点没耐心了，“如果很累的话，是不是可以过几天再炒茶呢？”

“绝对不行！碧螺春茶非常讲究，必须当天采摘，当天炒制，这样才能保证品质和口感。”顾爸爸回答。

终于到炒制环节了，孩子们拍手欢呼。顾爸爸把铁锅洗净，开大火。当锅温约200℃时，投入了茶叶，开始“杀青”。他的双手迅速翻炒，捞起茶叶，在空中抖散，茶叶上下翻飞，此时满室茶香，沁人心脾。

过了一会儿，茶锅被调至中火，顾爸爸双手将茶叶拢在手心揉捻，搓成小团，抖落，不停反复。慢慢地，茶叶成了条形，卷曲起来，白毫显露。真是太神奇了，孩子们和家长们跃跃欲试，忍不住撸起袖子，帮忙搓起茶团，只见白毫越来越多。顾爸爸说，这个过程叫“搓团显毫”。

当锅里的茶芽约八成干时，茶锅被调为文火。大家用轻揉轻炒的方式，固定茶叶形状，继续显毫，让水分蒸发。顾爸爸说，这个过程叫“烘干”。此时炒茶的每个人手臂上都沾满了白毫，额头上沁满了汗水。

终于起锅了，真是茶如其名，只见碧螺春曲卷如螺，银白隐翠，每个茶芽边沿都有一层均匀而又细又白的绒毛。孩子们闻闻茶叶，闻闻双手，一股股碧螺春特有的茶香扑鼻而来，怪不得人们又叫它“吓煞人香”呢。

最后，孩子们给爸爸妈妈泡上一杯亲手采摘、炒制的碧螺春。品着茶香，感受着茶文化，每个家庭收获的不仅是喷香的茶叶，更有实践和探索的乐趣。

芒种家庭插秧赛

芒种，忙种，忙收又忙种。为了增加孩子对农耕活动的了解，体验节气的农俗特点和粮食的来之不易，四（1）班家委会联系了龙韵现代农业公司，组织了一次特别的家庭插秧比赛。

水田边，几位农民伯伯先来示范。只见他们手指翻飞，边插秧，边后退，一眨眼就插好了四五排秧苗，看得大家激动不已。

每个家庭有两位代表参加比赛，孩子们个个摩拳擦掌，爸爸妈妈们也不甘示弱，一副胜券在握的样子。

男孩子们早已跳入田里，溅了满身泥还呵呵笑。几个女孩子小心翼翼地坐在田埂上，伸出腿试试水，缩回来，不敢下，但是又禁不住水田的诱惑和同伴的呼唤，鼓起勇气下了田。

大家学着老农的样子，分开腿，弓着腰，左手捧秧苗，右手分秧苗，再用两根手指夹着秧苗，按一定的间距往水田里用力插。

“嘿，我成功了！”看到自己插好的第一株秧苗，乐乐眉开眼笑，插得更卖力了。

父母们一边插秧，一边闲话家常，还不忘指导孩子如何把秧苗插得更直、更齐。不一会儿，刚刚还是光秃秃的水田，就变成了灵动的绿地，秧苗在风中摇曳，预示着丰收在望。

“爸爸，加油啊，我们家有点慢了。”

“妈妈，我们不能让后面的家庭超过呀。”

父母们直呼累得不行了，不断地直起腰休息。孩子们虽累却不肯停下，他们一边坚持插秧，一边不断地给父母打气。

比赛结束了，每个人都是两手泥，一脸笑，获奖家庭更是捧着奖杯，特别自豪。

忽然有个眼尖的孩子叫起来：“那些秧苗怎么啦？”大家一看，原来是有人为了图快，秧苗插得太浅，一股流水冲过来，秧苗都漂走啦，哈哈！

“手把青秧插满田，低头便见水中天。心地清净方为道，退步原来是向前。”这次芒种家庭插秧赛，打开了学科与生活、与自然的通道，使孩子们了解了传统农耕文化，进一步体会到了粮食的来之不易。

（本文原作者：李琴红）

李琴红老师经常带孩子们体验二十四节气的生活，读她的美文犹如打开春天的画卷，迎面吹来醉人的暖风。引领孩子体验家乡富有特色的劳动，将丰富他们的认知与情感，因为是与伙伴们一起参与，更增加了孩子们的快乐感受。文中所述的识百草、采碧螺春茶和插秧，都是极为独特的体验，而对细节的生动描写更展示出无限魅力。

读了以上 4 个故事，可能有人会心生疑问：这是家庭教育吗？从乌米饭到兄妹矛盾，再从养猫到体验乡村生活，不就是日常生活中的琐事吗？是的，生活教育是着眼于日常生活的，而正是这些日常生活逐渐影响了孩子的人生观、价值观和世界观的形成。值得品味的是，以上 4 个故事虽然平平常常，却有丰富的内涵，即注重人的成长，采取的教育方法有所创新，其目标指向美好幸福的生活。显然，这是父母与孩子两代人共同成长的过程，尤其珍贵的是父母不断提升的觉察与反思能力，引领孩子在生活实践中感悟如何做一个真正的人。

教育的真理是简单明确的，如陶行知所言，生活即教育，好的生活就是好的教育。毫无疑问，积极向上并丰富多彩的生活体验，是每个人童年中最为珍贵的营养，也是一生发展的基石。

孙云晓
生活感悟

1. 教育孩子需要父母联盟，而父母联盟需要合理的分工。美国学者对112对4岁孩子的父母跟踪一年后研究发现，父亲主要负责陪孩子玩，母亲更多照料孩子生活，这样分工的父母关系更加融洽，也有利于孩子，特别是男孩的成长。如果相反，父母则会发生较多争执。显然，父母也要扬长补短。

2. 父母能否教育好孩子的关键因素不是学历，也不是金钱，而是教育素养，即教育的观念、方法和能力。家庭教育指导的核心就是提高父母的教育素养。教育素养高的特征是终身学习。如德国教育家第斯多惠所说，凡是不能自我发展、自我培养和自我教育的人，同样也不能发展、培养和教育他人。

附录一

孙云晓访谈录

家庭教育的主体内容是生活教育

陶继新

近年来，尤其是《中华人民共和国家庭教育促进法》公布与正式实施之后，人们对于家庭教育更加关注。可是，家庭教育的主体内容是什么？对此却是众说纷纭、莫衷一是。为此，笔者采访了著名家庭教育专家孙云晓先生。

孙先生认为，越来越多的人关注家庭教育固然可喜，但同时也令人担忧，比如有的家庭教育更多是父母想方设法让孩子多学知识，尤其是参加名目繁多的辅导班，以此来提高孩子的考试成绩。现在不少的家庭教育异化成了“第二课堂”，弥漫着烟火气的生活味已经离孩子们越来越远。

孙先生说，学科知识的“主战场”在学校，家庭教育的主体内容是生活教育。这是中国数千年的历史早已证明了的事实，只是很多人未予以关注而已。

家务劳动

既然是家庭生活，就少不了劳动，从这个意义上说，家务劳动是家庭生活教育的必修课。然而，现在孩子主动做家务劳动者不但不多，父母也不希望孩子做这些似乎与其学习与考试无关的事情，而且还有“爱”孩子之甚者，担心劳动会累着和苦着孩子，即使孩子想干，也多会被父母叫停。

孙先生认为，父母让孩子从小热爱家务劳动，不但可以培养孩子的自理、自立能力，还可以培养其孝敬父母的爱心和承担家庭任务的责任感。所以，父母要充分发挥家庭生活教育的优势，抓住日常生活中的劳动实践，激发孩子对劳动的热情，鼓励孩子自觉参与、掌握家庭生活中的几项劳动技能，并进行具体的训练，长期坚持以养成习惯。叶圣陶先生说：“教育是什么，往简单方面说就一句话，就是养成良好的习惯。”这对于生活教育同样具有重要的启示意义。而且，拥有劳动习惯的孩子，此后不管是在学校学习还是走向社会工作，都会受到人们的欢迎，并多能走向成功的殿堂。

孙先生说自己自幼在青岛海边长大，很小的时候，父母不但让他做很多家务劳动，还要他参加野外的劳动，比如赶海挖蛤蜊，上地里搜索是否还有农民收获后遗漏的花生和地瓜等，这些都是儿童时期孙先生常做之事。当时他并没有感到苦不堪言，认为生活本该如此，而且很多当时的劳动场景，迄今还时时浮现在他的脑海里。就是在生活中，孙先生体会到了“谁知盘中餐，粒粒皆辛苦”的意义，并由此养成了热爱劳动和勤俭节约的品质。

遗憾的是，现在许多孩子是衣来伸手，饭来张口，甚至挑三拣四，全然不知这些衣食来之不易，亦少由此而感恩父母。父母呢，也觉得孩子拥有这种享受的“特权”是天经地义，甚至认为自己这是在尽心尽力爱孩子。结果呢，却在不知不觉中害了孩子。

孙先生谈到2020年疫情以来某些出国留学的孩子，因当地疫情严重，迫不得已而长期居家。小时候跟着父母学会做饭者，便“重操旧业”，生活得无忧无虑。可是，在家庭中从来没有做过饭的孩子，有时叫外卖也相当困难，就只能坐立不安、饥肠辘辘地“徒有羡鱼情”了。

孙先生与妻子从小都在父母的引领下养成了热爱家务劳动的习惯，并且又以身作则地影响到他们的女儿。

上海疫情期间，由于饭店关门、外卖不送，有的人就有了生存危机。孙先生的女儿一家居住在上海，女儿不但把家人的生活安排得井井有条，还与丈夫一起担任了志愿者，协助在上海的外籍人员做好防疫工作。和女儿住在同一栋楼里的一名外籍人员，却因从不自己做饭，储备食物不足，出现了生存危机。女儿一方面为之送去自己的高压锅，一方面教会这个留学生如何蒸米饭，又和邻居们一起支援他各类食物，才让他免受了饥饿之苦甚至是生死之忧。

孙先生认为，不管你如何才华横溢，如果没有基本的生活能力，有时也会出现问题。他提到天才少年魏永康，2 岁认识了 1000 多个汉字，4 岁基本学完了初中阶段的课程，小学也只读了二年级和六年级。8 岁时连跳几级进入县属重点中学读书。13 岁时，魏永康以高分考入湘潭大学物理系。17 岁大学毕业后成为中科院高能物理研究所硕博连读研究生。不过，他的母亲只是让孩子专心读书学习，由她给儿子洗衣服、端饭等，将家中所有的家务活全部包揽下来。为了让儿子在吃饭的时候不耽误看书，母亲在他读高中时还要亲自给他喂饭。就读湘潭大学时，母亲也一直跟在儿子的身边“陪读”，照顾儿子的饮食起居。让母亲没有想到的是，已经在中科院读了三年研究生的儿子，却由于不具备基本的生活能力，被中科院劝退回家。

也许有人说，孙先生以上所谈只是个案而已。可是，大家有没有想过，很多没有家庭劳动经历的孩子，尽管有些在成人之后表现得差强人意，可是，其负面影响必然折射在其人格、性格、言行等方面。而那些从小常做家务劳动的孩子，多能有超越一般人的良好表现。多年前，孙先生曾经做过 148 名杰出青年的童年与教育研究，并且将其与 115 名青年死刑犯的童年与教育做对比。结果发现，特别显著的差异之一就是劳动。杰出青年童年时经常做家务的占 81.08%，而 90% 的青年死刑犯童年时游手好闲。孙先生认为，没有生活实践这个环节，品德教育就可能成为空中楼阁，只有与生活实践密切结合，才能够完成立德树人这个根本任务。

家庭关系

孙先生认为，家庭生活教育并非只是让孩子在家庭中学会洗衣做饭等生活技能，家庭关系也属于家庭生活的范畴。谈起家庭关系，一般人多关注的是亲子关系，这当然很重要。可是，有些父母老盯着孩子，甚至以孩子为中心，却忽略了夫妻关系，由于没有“经营”好夫妻关系，家庭生活蒙上了阴霾。有的时候，夫妻之间为了一点小事而争吵不休，甚至大打出手，让孩子的心理严重受伤。更有甚者，夫妻某一方或双方为了追求自己的“幸福”，闹得不可开交，以致走上法庭，办了离婚手续，从此分道扬镳。岂不知，在这个过程中，孩子是最大的受害者，因此造成一定的心理创伤，甚至终生难以治愈。

孙先生主张确实无法生活在一起的父母，好好地看看美国的一部老电影《克莱默夫妇》，它讲述了一个令人动容的故事：妈妈离家出走，爸爸克莱默先生与儿子比利相依为命。当妈妈提出离婚并争夺儿子的抚养权时，律师建议克莱默先生让儿子在法庭上证明母亲不顾孩子离家出走，克莱默先生断然拒绝了，他不能让儿子在法庭上指责母亲。最后，被感动的妈妈同意儿子与爸爸在一起生活。孙先生认为，父母迫不得已离婚情有可原，但绝对不能播种仇恨，也不能让孩子感到不可理喻。为了孩子，父母双方要更多一些理解和信任，并由此为孩子播种下和谐美好的种子。从这个意义上说，要想做好家庭教育，父母就一定要“经营”好双方的关系，即使真正离婚，也一定不能“城门失火，殃及池鱼”，而要让孩子知道，父母虽然分手，可对自己的爱是有增无减的。

孙先生谈到2022年春天热播的电视剧《人世间》，周家人并没有在家庭中为孩子补习学科知识，也没有让孩子加班加点或挑灯夜战地“刷题”。可是，周秉义和周蓉兄妹二人考进了北京大学；周秉昆虽然没有进入大学，他的父亲和妻子郑娟更是学识“浅薄”，可是他们就在生活的磨砺中打拼，锻造了钢铁一般的意志和与人为善的良好品质。而所有这些，又都与这个祖孙三代的家庭关系密不可分。因为在这些关系中，无不折射出人格的力量，并在潜移默化中影响到家中的孩子。从某种意义上说，周家已经形成一种家庭文化。身在其中者，不可能不受到影响；而每一个人，又都在无形中优化着这种家庭文化。家人间几乎没有空洞的说教，可在家庭关系中又无处不闪耀着育人的光芒。

言传身教

孙先生认为，言传身教也是家庭生活教育中的一种十分有效的方式。因为孩子从父母那里“继承”来的品质，更多是从大人的一言一行中不由自主地学来的。如果父母夸夸其谈，孩子也多会不自觉地学习，以致成为一个华而不实者。对此，孔子不就说过“巧言令色，鲜矣仁”吗？而这种人，有不少都是从父母那儿学来的。相反，如果父母不动声色地用自己美好的言行向孩子传递优秀的品质，孩子也多会“学而时习之”，并形成健康的人格品质。

孙先生谈到2012年莫言于瑞典首都斯德哥尔摩获奖演讲时，说他母亲是其“生命中最重要”的人，并讲了他母亲的三个感人的故事：一是母亲到地里捡麦穗，被麦田看守人扇了一个耳光，她跌倒在地，之后却不记恨在心的故事；二是莫言去卖白菜，有意无意多收了一个买白菜的老人一毛钱，母亲得知后却泪流满面的故事；三是极端困苦的情况下，母亲把尚未吃完的半碗水饺倒进乞讨老人碗里的故事。

这三个故事不仅对少年莫言的心灵产生了巨大的震撼，而且永远铭刻在了他的心里。于是，母亲的善良，就成了他心中的一座伟大的精神丰碑。

《人世间》的主人公和莫言母亲并没有对孩子说多少空洞的大道理，可是，日常的家庭生活中又无处不有道德教育，而且能够在“随风潜入夜，润物细无声”中走进孩子的心里。从这个意义上说，家庭生活教育之中就有德育，只不过很多时候都隐藏在日常生活的一言一行之中罢了。这种孙先生所称的“榜样教育法”，无疑是家庭生活教育的有效方式。

家庭契约

国家有宪法，学校有制度，家庭也应当“立法”，所以，孙先生提倡要有家庭契约。当然，这个契约不是父母一厢情愿而定的，而是父母与孩子共同商量制订的。契约一旦形成，家庭中的任何成员都不能违约而行。

比如孩子能不能玩手机游戏，如果能玩，玩多长时间，玩什么内容，什么时间玩等，都可以形成家庭契约。遵守契约，就应当受到表扬；反之，就应当受到批评乃至相应的惩罚。

孙先生说，爱玩是孩子的天性，但是如果父母放任，造成不良后果只是一味抱怨，这样只会事与愿违。主动性和自制力平衡发展是最理想的教育状态，这就要求父母要建立家庭契约，行事前约定，按照约定执行是家庭生活教育的有效手段。通过制订合理的规则，经历从约束性到自觉性再到习惯性的过程，可以培养孩子的自制力和养成好习惯。

有的时候，家庭契约也会因为某个突发事件而制订，或者在家庭之中有了不同看法的时候制订。孙先生谈到有这样一个女孩，她想要养猫，而妈妈害怕猫。为此，就要不要养猫、养什么猫、怎么养的问题，专门开了三次家庭会议。最后形成一致意见：可以养猫，但这个女孩和妈妈都要承担相应的养猫的责任，比如要按时给猫喂食和洗澡，并及时将猫的屎和尿处理干净等。这时候，女孩才知道，养猫不只是好玩，还有应尽的责任和义务。于是，家庭中多了一只猫，不只是满足了女孩想养猫的愿望，而且也唤醒了她的家庭责任感，还丰富了家庭生活。

孙先生认为，有了家庭契约且依约而行，久而久之，还会在孩子的心目中形成一种规则意识。而规则意识，恰恰是一种文明社会的表现形态，也是孩子走向未来社会必须具备的一种品质。

闲暇教育

孙先生非常赞赏亚里士多德所说的“闲暇出智慧”的哲言，因为有闲暇才有属于自己的自由时空，独立地思考，自由地发展，自信而能动地挥洒才智，才能心理坦然，心情轻松。所以，父母应当给孩子一定的闲暇时间，去玩耍，去运动，去读自己喜欢的课外书等。可是，现在的父母，几乎让孩子全天候地处于紧张的学习之中，认为闲下来是误人子弟，甚至孩子想读课外书、出去玩耍等，都会担心考不出好成绩而全面禁止。

美好生活固然需要丰富的物质生活，可最重要的则是精神生活的丰沛，而且有的时候，家庭生活也会向外延伸至大自然之中。

孙先生说自己 1955 年生于青岛一个工人家庭里，当时家里非常贫穷，可是，家庭精神生活的美好对其一生都产生了影响。童年时代，孙先生常在山里与海边玩耍，这种对大自然的热爱延续至今。所以，后来定居北京之后，他每年都要去颐和园、香山、植物园等地游历，多达 100 多次。现在很多孩子想天天到山里和海边去玩已很不现实，因为父母更加看重的是孩子的学习，而不是闲暇生活。

孙先生从小看了很多文学名著，而且从 15 岁开始，又养成了记日记的习惯，并且坚持 50 多年。父母不但不予干涉，反而认为“孺子可教”。而当时之读，就让他拥有了一个成为作家的梦想，后来梦想成真，果真成为了一位很有影响力的作家。

了解孙先生者都知道，他不只是一位优秀的作家，还是一位卓越的演讲家。可是，谁能想到，他小时候竟然是一个口吃的孩子。而在与同龄孩子在一起的时候，有一个参与玩耍的规则，就是要轮流讲故事，不然就被排除在外。孙先生虽然有口吃的缺陷，可他读过《三国演义》《水浒传》等名著，这让其他孩子望尘莫及。所以，他就陆续为大家讲这些名著。开始的时候受口吃影响，他只能断断续续且比较吃力地讲；可是，随着时间的推移，他讲得越来越流畅，口吃也不治自愈了。

面对当下学生死啃书本的现象，孙先生很是忧虑，认为一时也许可以考进理想的学校，可是由于从小缺失“闲暇”而出的“智慧”，所以许多孩子尽管学了很多知识，却往往形不成智慧。即便不少是考进名牌大学文学院者，毕业之后不但没有成为作家，甚至文章都写得不多，能够发表作品者更是凤毛麟角。想想沈从文、莫言等，并没有上过名牌大学，却成了著名的作家。而再想想他们童年的闲暇之日的阅读，就不难明白他们“大器晚成”的原因了。

孙先生感叹当今学校教育的短视思维，甚至让父母也围着学校的应试教育团团转。一次他到外地讲学的时候，见到一位久违的朋友，本以为他一定会和自己好好地叙旧，没想到刚一见面，朋友就很自豪地说自己是学校家委会主任，经常抽出很多时间，想方设法从网上搜集考试题，然后交到学校领导手上，安排人印刷出来，用于组织学生进行更多的考试，或者让学生放学之后继续刷题。这个家委会主任很想让孩子多做试题，可孩子非常反感，甚至直接反对。而通过学校考试或布置“作业”，虽然增加了学生的负担，让他们心怀不满，但由于是学校布置的任务，他们岂敢违抗，只好硬着头皮应付。

这位家校合作的“典型”滔滔不绝地说着的时候，孙先生却不由得生出了无限的感伤。孩子在校学习压力大，已经苦不堪言，父母们却“帮助”学校，让孩子在家用更多时间学习。这哪是家校协同育人，完全是家校联手折磨孩子啊！那么，家庭生活还有多少？也许，孩子可以多做一些辅导题，甚至考进一所理想的学校，可是，他们在童年和少年时代失去了其应有的家庭生活，终生也无法弥补这一缺失。

孙先生谈到目前在某些大城市里出现的鸡娃现象，即父母持续不断地给孩子打鸡血，为孩子安排名目繁多的学习任务与培训班，不停地让孩子去拼搏，以考取好的成绩，考进好的学校。看来，应试教育不只在学校愈演愈烈，在家庭中也已到了走火入魔的地步。虽有家庭，可家庭生活离孩子们越来越远，甚至没有了生活，或者只有一些畸形的生活。而一个人的幸福在很大程度上来自家庭生活，若从小体验不到家庭美好生活的感觉，未来何谈幸福？

所以，孙先生在很多场合都呼吁：父母一定要提高对于家庭闲暇生活价值的认识，改善自身不良的闲暇生活方式，与孩子一起商量、制订闲暇生活规划，增加户外活动，满足孩子对外在世界的好奇心，增加与同伴交往的机会等。

关注食育

孙先生说，家庭生活教育中还有一项重要的内容叫食育，就是关于饮食的教育。民以食为天，教以育为先。所以，食育应当是全民的教育，而且食育应该从儿童甚至婴幼儿开始。早在2005年，日本就颁布了《食育基本法》，规定日本人从幼儿园到中学阶段都要接受“食育”，将食育作为一项国民运动在日本普及推广。经过十几年的推广和普及，日本的食育已经在培养国民拥有健全身心、丰富人格等方面发挥了重要的推动作用。

全国政协委员顾建文认为，20年前医院里得慢性病的病人很少，现在慢性病已成为居民健康的重要杀手，究其原因，很大一部分是日常饮食习惯不当所致。如何科学、安全、合理地饮食已成为影响幸福、健康甚至性格培养的重要问题。他呼吁，我们国家开展食育已十分必要和迫切，应将食育提高到和德育、智育、体育等同等重要的位置来认识和理解；应针对学生、教师、父母开展有针对性、丰富营养知识的“食育”，在儿童时期即进行食物、食品及食品安全等方面的教育，及时改正错误的饮食习惯，从根本上走出饮食误区。

遗憾的是，我国现在不少儿童，甚至青少年都没有养成良好的饮食习惯。很多不健康的垃圾食品成了与他们形影不离的“美味佳品”。于是，肥胖儿童越来越多，患病率也居高不下。所以，饮食健康应当成为家庭教育的重要内容。

其实，早在两千多年前，孔子就特别关注饮食健康的问题，在《论语·乡党篇》就有记载孔子关注饮食健康的话语：“食不厌精，脍不厌细。食饐而餲，鱼馁而肉败，不食；色恶，不食；臭恶，不食；失饪，不食；不时，不食；割不正，不食；不得其酱，不食。肉虽多，不使胜食气。惟酒无量，不及乱。沽酒市脯，不食。不撤姜食，不多食。”意思是说，粮食不嫌舂得精，鱼和肉不嫌切得细。粮食陈旧和变味了、鱼和肉腐烂了，都不吃。食物的颜色难看，不吃；气味难闻，不吃；烹调不当，不吃；不到季节时令，不吃；切割方式不得当的食物，不吃；没有一定的调料，不吃。席上的肉虽多，但吃的量不超过米面的量。只有酒没有限制，但不喝醉。从市上买来的（不新鲜的）肉干和酒，不吃。每餐必须有姜，但也不多吃。还有这样一句：“祭于公，不宿肉。祭肉不出三日。出三日，不食之矣。”意思是说，孔子参加国君祭祀典礼时分到的肉，不能留到第二天。祭祀用过的肉（留存）不超过三天。若超过三天，就不吃了。因为古代大夫参加国君祭祀以后，可以得到国君赐的祭肉。但祭祀活动一般要持续二三天，所以这些肉就已经不新鲜了，超过三天，就不能再吃了。

孔子一生身体健康，终年 73 岁，在当时绝对是高寿者，这与其健康的饮食习惯不无关系。

当然，食育不只是饮食健康，还包括饮食习惯、饮食礼仪等。《黄帝内经》上就有“饮食有节”之言，提醒人们在饮食上要有节制，吃饭要七分饱，不要吃得过多。若摄入过多能量和食物，进而加重胃肠道的负担，不利于身体健康。同时，饮食要有节律，言外之意就是吃饭要规律，早餐、午餐和晚餐要按时、按量来吃，如果打破这样的节律，也会增加胃肠道患病的风险。

所以，孙先生说，要想让孩子拥有健康的饮食观，父母就应教会他们健康饮食的知识和技能，通过一日三餐培养孩子健康的饮食习惯，让孩子了解到生活规律的重要性，满足身体发育的需要，保障他们从小拥有健康的体魄，为“德智体美劳”全面发展打下坚实的基础。

孙先生说，食育还包括餐桌文明礼仪等内容。其实，这其中就蕴藏着我国传统的餐桌文化，孔子所说的“食不言，寝不语”，还成了目前某些学校对学生用餐与就寝的要求，并形成了学校一道别样的精神风景。其他诸如热情好客、尊老爱幼、主客之分等，则可以让孩子从中学会分享，敢于担当责任。此外，家庭食育中还蕴含着不同的文化特色，通过不同地域的特色美食，可以了解不同的饮食文化、历史文化和生活方式，从而激发孩子探索外在世界的兴趣，继承和发扬独具魅力的饮食文化。

孙先生认为，父母还可以通过以食物为载体的互动，让亲子关系更加和谐。比如鼓励孩子主动参与到食物的制作过程中，与孩子共同品尝美味的餐食。当一家人团聚在一起进餐的时候，可以互相关怀一天的生活，交流各自发生的趣事，营造轻松愉快的家庭氛围，增进亲子之间的关系。

孙先生对《中华人民共和国家庭教育促进法》进行了认真的学习与深入的研究，认为其中所谈的家庭教育的内容主要包括道德品质、身体素质、生活技能、文化修养和行为习惯五个方面，而这些几乎都与家庭生活有内在的联系。

不过，父母真正关注家庭生活教育者依然是“几希矣”，孙先生甚至将家庭生活教育比喻成一座大山，要想推动它难之又难。可是，孙先生仍像孔子一样“知其不可而为之”，在很多场合不断地大声呼吁人们要关注家庭生活教育，并在他的微信朋友圈里发表家庭生活感悟的短文，到现在已多达1000多条，在某种程度上也影响了一些教育界同仁与家长。

正如孔子弟子曾子所言：“仁以为己任，不亦重乎？”正是因为任重而道远，孙先生才有了一种使命感，虽然困难重重，依然坚持前行。希望他十分关注又反复强调的家庭生活教育能真正走进千家万户，从而培养出更加优秀的孩子。

附录二

孙云晓个人著作目录

孙云晓教育作品集（新版）

1.《教育的魅力在生活》 2023 年，江苏凤凰教育出版社

2.《孩子需要理性爱》 2023 年，江苏凤凰教育出版社

3.《良好习惯缔造健康人格》 2024 年，江苏凤凰教育出版社

4.《文化反哺呼唤共同成长》 2024 年，江苏凤凰教育出版社

5.《梦想是成长的发动机》 2024 年，江苏凤凰教育出版社

孙云晓教育作品集（旧版）

6.《教育的核心是培养健康人格》 2007 年，江苏教育出版社

7.《唤醒孩子心中沉睡的巨人》 2007 年，江苏教育出版社

8.《教育就是培养好习惯》 2007 年，江苏教育出版社

9.《捍卫童年》 2007 年，江苏教育出版社

10.《教育从尊重开始》 2007 年，江苏教育出版社

11.《与孩子一起成长》 2007 年，江苏教育出版社

孙云晓教育研究前沿书系

12.《习惯养成有方法》 2016 年，浙江文艺出版社

13.《亲子关系——决定孩子一生幸福的密码》
2016 年，浙江文艺出版社
14.《发现童年的秘密》　2016 年，浙江文艺出版社
15.《成功智力——比智商更重要的潜能》
2016 年，浙江文艺出版社
16.《五元家教法——好父母的必修课》
2016 年，浙江文艺出版社
17.《孩子，你有无限可能》　2017 年，浙江文艺出版社

孙云晓家庭教育精品课系列

18.《好习惯》　2021 年，浙江文艺出版社
19.《学习力》　2021 年，浙江文艺出版社
20.《亲子关系》　2021 年，浙江文艺出版社

儿童教育专辑

21.《我的家怎么了》　2006 年，长江文艺出版社
22.《好方法教出好孩子——孙云晓家庭教育 16 讲》
2010 年，青岛出版社
23.《懂方法的父母成就孩子一生》　2011 年，长江文艺出版社
24.《孩子，别慌》　2012 年，中国少年儿童出版社
25.《有尊重才有教育》　2012 年，作家出版社
26.《有自由才有成长》　2012 年，作家出版社
27.《习惯决定孩子一生》　2013 年，北京师范大学出版社
28.《用心教养——孙云晓与中外心理学名家的对话》
2014 年，浙江人民出版社
29.《9 个好习惯成就孩子一生》　2019 年，湖南教育出版社

孙云晓与你面对面丛书

30.《教育就是以爱育爱》 2010 年，安徽教育出版社

31.《爱孩子要敢于说不》 2010 年，安徽教育出版社

32.《美好习惯决定美丽人生》 2010 年，安徽教育出版社

33.《每个孩子都可以成功》 2010 年，安徽教育出版社

博客书

34.《教育是人的解放——孙云晓教育随笔精粹》 2009 年，安徽教育出版社

35.《让人幸福的教育——孙云晓教育随笔精粹》 2010 年，安徽教育出版社

报告文学集

36.《少年巨人》 1986 年，海燕出版社

37.《青春阶梯——孙云晓获奖报告文学选》 1992 年，贵州人民出版社

38.《唤醒巨人》（获 2004 年中国图书奖） 2003 年，安徽少年儿童出版社

39.《夏令营中的较量》 2008 年，新世纪出版社

40.《16 岁的思索》（获第二届全国优秀儿童文学奖、百年百部中国儿童文学经典书系之一） 2016 年，长江少年儿童出版社

孙云晓教育文学丛书

41. 长篇儿童小说《金猴小队》 2017 年，浙江文艺出版社

42. 长篇青春小说《握手在 16 岁》 2018 年，浙江文艺出版社

43. 长篇传记小说《少年探险家》 2019 年，浙江文艺出版社

44. 长篇传记小说《孩子，抬起头》 2020 年，浙江文艺出版社

45. 长篇传记《解放孩子》 2021 年，浙江文艺出版社

后记

到2023年，我从事儿童教育整整50年了，已经出版40多部个人专著，所以，写作和出书的速度明显放慢了许多，原因是对质量的要求越来越高，希望真正出一点有价值的作品。感谢江苏凤凰教育出版社编辑俞婷多次热情地与我联系，希望我的教育著作能够再版，并介绍了许多推广的计划。我一向对江苏凤凰教育出版社怀有感恩之心，因为早在2007年，该社即出版我的一套《孙云晓教育作品集》。如今，面对多年支持我的读者朋友，我怎么能只是将旧书再版呢？于是，我开始回顾近年来的新探索，有许多学术交流和思想激荡的珍贵成果，就像积存多年的山泉喷涌而出。我陆续写下一些前沿性思考的文章，加上一些重要的讲演，这些作品都曾经引起强烈的社会反响，其中有许多较有新意和分量的作品，我愿意与大家分享。所以，我决定把广大父母和教师及家庭教育工作者最关心、也最重要的内容集中起来，出一套新版的《孙云晓教育作品集》。

一本书，凝聚着众人的心血，可谓万人糕。感谢长期给予我支持以及与我合作的朱永新、陈会昌、李玫瑾、边玉芳、康丽颖、刘秀英、孙宏艳、李文道等著名学者；感谢成尚荣、洪明、陆士桢三位著名的教授为我作序，他们独特而精到的分析极大地拓展了作品集的思想内涵；感谢首都师范大学教育学硕士卢宇老朋友，她协助我做了大量的书稿整理工作；感谢江苏凤凰教育出版社各位领导和刘煜、俞婷、林琬等编辑及有关工作人员的热情与严谨，因为有你们的辛勤劳动，最终才能将书送到读者手中。

我相信这五本书是有独特价值的。当然，还要特别感谢读者朋友的鼎力支持，只有读者有效的阅读和实践，才能最终实现本书的价值。对于作者来说，读者朋友的认可是最高的奖赏！

孙云晓

2023年1月于北京云根斋